最有效
人力资源管理方式
人力资源外包

张进财 编著

清华大学出版社
北京

内 容 简 介

在市场经济的大背景下，传统的企业经营管理模式需要进行完善与调整。人力资源管理外包可谓是企业提升人才管理优势的有效手段，纵观当下的明星企业，不少对于人力资源管理外包都能够运用自如。从初创期的招揽人才，到高速发展期的留住人才，再到稳定期的激励人才，无处不彰显着管理人才的重要性，这便促使企业去寻求专业的人力资源外包机构来设计出高效的人才管理机制。本书立足于此，依据笔者多年实践经验，结合企业不同发展阶段所应配套的科学人力资源管理外包机制，详细讲述如何选择并且实施人力资源管理外包模式的窍门，体系完整且实操性强，希望能够为读者提供更多的管理思路。

作为企业管理领域的热门话题，目前市场上有关企业如何利用管理人力资源外包的书籍种类却相当缺乏。建立在这一基础上，本书作者结合多年工作经验，希望读者在阅读本书后可以达到掌握人力资源管理外包模式并对实践工作有指导意义的效果。本书的读者包括：想入局人力资源外包机构的从业人员；希望借助人力资源外包解决当前人才管理焦虑的创业者；欲提升自身能力的企业人力资源从业人员。

本书封面贴有清华大学出版社防伪标签，无标签者不得销售。
版权所有，侵权必究。举报：010-62782989，beiqinquan@tup.tsinghua.edu.cn。

图书在版编目(CIP)数据

最有效人力资源管理方式：人力资源外包/张进财编著. —北京：清华大学出版社，2020.1
(2024.7重印)
ISBN 978-7-302-54615-3

Ⅰ. ①最… Ⅱ. ①张… Ⅲ. ①企业管理—人力资源管理 Ⅳ. ①F272.92

中国版本图书馆 CIP 数据核字(2020)第 002507 号

责任编辑：杨作梅
装帧设计：杨玉兰
责任校对：周剑云
责任印制：曹婉颖

出版发行：清华大学出版社
    网　　址：https://www.tup.com.cn, https://www.wqxuetang.com
    地　　址：北京清华大学学研大厦 A 座　　邮　编：100084
    社 总 机：010-83470000　　邮　购：010-62786544
    投稿与读者服务：010-62776969, c-service@tup.tsinghua.edu.cn
    质量反馈：010-62772015, zhiliang@tup.tsinghua.edu.cn
印 装 者：三河市东方印刷有限公司
经　　销：全国新华书店
开　　本：170mm×240mm　　印　张：13.25　　字　数：183 千字
版　　次：2020 年 3 月第 1 版　　印　次：2024 年 7 月第 9 次印刷
定　　价：49.00 元

产品编号：085415-01

前言

迄今为止，人力资源外包的发展，都是备受HR(人力资源)和业界同行的瞩目的，尤其是2017年人力资源和社会保障部(简称人社部)印发的《人力资源服务业发展行动计划》出台之后，人力资源外包服务更是如雨后春笋般蓬勃发展。

在2018年年末，网上就曝出了华为、阿里、京东三大企业缩招、裁员的消息，瞬间引发了职场人士的担忧，人们纷纷询问以后该如何加入三巨头公司。但是从三家公司公开的回应来看，我们统一看到一个熟悉而又陌生的词汇——人力资源外包。

原来，这三家巨头公司已经开始采取人力资源外包服务了。

在大家的印象中，人力资源外包这个词似乎最应该出现在传统制造业、物流等劳动密集型企业当中，但是这一次，为什么会出现在这些高科技、不缺钱的互联网巨头企业呢？

人才招聘是企业人力资源管理中最基础的工作，也是企业获取人才的重要环节，还是人才引进的通道、人才选拔的基础。对于一个企业来说，如果人才选拔的基础打不牢，再好的产品构想也没有用武之地。

就算在当前互联网高速发展的时代，各大招聘网站用互联网技术搜集到众多求职者的简历也一样需要大量的面试以及和应聘者沟通的过程，这就需要有专业的人力资源外包公司来完成相应的工作。

所以大企业也好，小企业也罢，只要某种服务能为他们带来利益，他们就会选择这种服务来助力企业发展。

那么，究竟什么是人力资源外包？人力资源外包有哪些特点？又该如何进行呢？这也是本书将要详细论述的重点内容。

本书共分为走进人力资源管理、人力资源外包的独特魅力、人力资源管理方法论、人力资源外包利弊分析、人力资源外包行业的新变化、ZH—BF公司人力资源外包管理实操等8个章节，全面而系统地分析了人力资源外包的相关理论知识、人力资源外包的作用、优势，以及人力资源外包的具体管理方法和风险规避法，语言平实、案例翔实，旨在帮助大家揭开人力资源外包的神秘面纱，让更多人更好地了解人力资源外包并能够熟练运用人力资源外包。

阅读此书，不管您是从事人力资源管理事业的"职场高手"，还是刚刚踏入人力资源管理岗位的"职场新秀"，不管您是正有打算进行人力资源外包的企业老板、员工，还是仅仅是对人力资源感兴趣的普通人，相信您都能有不一样的收获。

编　者

目录

第1章 人力资源外包进化论：什么是人力资源外包 1

1.1 企业人力资源管理：人力资源外包的概念 2
- 1.1.1 什么是人力资源外包？ 2
- 1.1.2 企业为什么要进行人力资源外包？ 2
- 1.1.3 人力资源外包的发展历程 4

1.2 中外人力资源现状比较 5
- 1.2.1 国外研究发展现状 5
- 1.2.2 国内研究发展现状 10
- 1.2.3 国内外研究的不足 12

1.3 人力资源外包的几种常见模式 14
- 1.3.1 按合作方式划分 14
- 1.3.2 按需求划分 16
- 1.3.3 按照外包深度和广度划分 17

第2章 人力资源外包价值链：如何为企业创造价值 21

2.1 企业人力资源外包的三大优势 22
- 2.1.1 提升人力资源管理效率 22
- 2.1.2 规避用工风险 23
- 2.1.3 提前防范风险 23

2.2 四大特性决定了人力资源外包的"与众不同" 23
- 2.2.1 无形性 24
- 2.2.2 异质性 24
- 2.2.3 同步性 25
- 2.2.4 易逝性 25

2.3 人力资源外包对企业实现价值创造的三大维度 25
- 2.3.1 非核心业务外包，是企业实现竞争优势集中的重要方式 ... 26
- 2.3.2 人力资源外包为企业带来的价值 28

2.3.3 人力资源外包给企业带来的效益 30
　2.4 人力资源外包的远景终极目标 32
　　2.4.1 提升企业核心竞争力 33
　　2.4.2 减少企业运营成本 34
　　2.4.3 降低企业经营风险 34
　　2.4.4 弥补企业管理薄弱环节，提高企业管理效率 35
　　2.4.5 提高管理专业化水平，实现资源最佳分配 36

第3章　人力资源外包决策分析：企业要不要做人力资源外包 37
　3.1 人力资源外包的关系网络 38
　　3.1.1 人力资源外包的强关系与弱关系 38
　　3.1.2 人力资源外包网络的异质结构 41
　3.2 哪些企业更适合选择人力资源外包 42
　　3.2.1 处在非常时期的企业 43
　　3.2.2 员工人数不多的中小型企业 43
　　3.2.3 人员流动较快的企业 44
　　3.2.4 用工招聘难度大的企业 44
　3.3 人力资源外包的三大阶段 44
　　3.3.1 决策阶段的结构洞风险 45
　　3.3.2 选择阶段的信息与控制风险 45
　　3.3.3 执行阶段的控制风险 46

第4章　人力资源外包三大段位：不同阶段企业如何开展工作 49
　4.1 第一段位——决策阶段的风险分析 50
　　4.1.1 决策风险 51
　　4.1.2 逆向选择风险 51
　　4.1.3 企业环境风险 52
　　4.1.4 政策法律风险 52
　　4.1.5 内部员工风险 53
　4.2 第二段位——选择阶段的风险分析 53
　　4.2.1 需求企业合同风险 54
　　4.2.2 信息不对称风险 55
　　4.2.3 合谋风险 55
　　4.2.4 供应商合同风险 56
　4.3 第三段位——执行阶段的风险分析 56
　　4.3.1 额外成本风险 57

		4.3.2	协调风险	57
		4.3.3	道德风险	58
		4.3.4	员工离职风险	58
		4.3.5	信息泄露风险	58
		4.3.6	服务失败风险	59
		4.3.7	跨文化沟通风险	59
		4.3.8	员工外包风险	60
		4.3.9	员工认知风险	60
		4.3.10	创新风险	61
	4.4	案例实操：ZH 集团与 BF 企业如何分段位开展人力资源外包		61
		4.4.1	基于层次分析法的风险评价方法	62
		4.4.2	ZH 集团与 BF 公司人力资源外包风险评价的具体实施	65
		4.4.3	风险因子具体权重的计算	67

第 5 章 人力资源外包方法论：企业如何做人力资源外包 79

	5.1	如何进行人力资源外包职能的选择		80
		5.1.1	提升企业的核心竞争力原则	80
		5.1.2	获取专家服务和先进技术原则	82
		5.1.3	降低管理成本原则	83
		5.1.4	提高管理效率原则	84
		5.1.5	降低风险原则	85
		5.1.6	管理业务流程标准化的原则	86
		5.1.7	适应市场发展原则	87
	5.2	企业人力资源外包决策六步走		88
		5.2.1	人力资源管理的现状分析	89
		5.2.2	人力资源管理外包需求与外包选择	90
		5.2.3	选择合适的外包对象	92
		5.2.4	服务供应商的选择	92
		5.2.5	外包的实施	93
		5.2.6	外包的评估	93
	5.3	影响人力资源管理外包的重要因素		94
		5.3.1	影响企业人力资源管理外包的企业因素	94
		5.3.2	影响企业人力资源管理外包的市场因素	98
	5.4	实操：看看大企业都是如何做人力资源外包管理的		100
		5.4.1	ZH 集团	100
		5.4.2	ZH 集团客户企业	101

| | 5.4.3 BF 新型材料有限公司 | 101 |

第6章 人力资源外包风险防范：企业如何有效规避风险 ... 105

- 6.1 社会网络观与人力资源外包风险的权变分析框架 ... 106
  - 6.1.1 两类社会网络关系的属性 ... 106
  - 6.1.2 人力资源外包关系风险及其权变分析框架 ... 107
- 6.2 人力资源外包风险的主要来源 ... 110
  - 6.2.1 外部环境风险 ... 111
  - 6.2.2 外包商风险 ... 111
  - 6.2.3 企业风险 ... 112
  - 6.2.4 人力资源外包风险及其两种关系来源 ... 113
- 6.3 这些方法，助你有效识别人力资源外包风险 ... 118
  - 6.3.1 统计模拟法 ... 118
  - 6.3.2 风险矩阵法 ... 119
  - 6.3.3 SWOT 分析法 ... 122
- 6.4 人力资源外包风险规避方法与策略 ... 123
  - 6.4.1 风险回避 ... 124
  - 6.4.2 风险转移 ... 124
  - 6.4.3 风险损失控制 ... 125
  - 6.4.4 风险化解 ... 125

第7章 人力资源外包未来趋势：企业如何紧跟时代做人力 资源外包 ... 129

- 7.1 新经济的发展带来雇佣模式的变化 ... 130
  - 7.1.1 新经济的发展带来雇佣模式的变化 ... 130
  - 7.1.2 新的人力资源政策走向 ... 131
  - 7.1.3 新技术带来的不确定性 ... 131
- 7.2 中国产业升级的变化带来劳动力转移 ... 132
  - 7.2.1 中国产业升级的变化带来劳动力转移 ... 132
  - 7.2.2 企业组织变革 ... 134
  - 7.2.3 企业对人力资源外包服务的终极需求 ... 135
- 7.3 外包需要细分行业深耕 ... 136
  - 7.3.1 万宝盛华的案例 ... 136
  - 7.3.2 英格玛的案例 ... 137
- 7.4 "互联网+"是人力资源服务转型的良机 ... 138
  - 7.4.1 洞察为客户提供什么服务 ... 138
  - 7.4.2 "互联网+"是人力资源服务转型的良机 ... 140

第8章 人力资源外包案例分析：ZH集团与BF公司人力资源外包管理实操 143

- 8.1 ZH集团与BF公司人力资源外包网络结构 144
- 8.2 ZH集团与BF公司人力资源外包风险的具体研究 145
  - 8.2.1 决策阶段关系结构 145
  - 8.2.2 选择阶段关系结构 148
  - 8.2.3 执行阶段关系结构 152
- 8.3 ZH-BF人力资源外包风险专家问卷 161
  - 8.3.1 问题描述 161
  - 8.3.2 问卷说明 162
  - 8.3.3 ZH-BF人力资源外包风险问卷内容 163
- 8.4 ZH-BF人力资源管理外包风险管理策略与制度 176
  - 8.4.1 关注BF(苏州)公司人力资源管理外包整体风险 176
  - 8.4.2 实行人力资源管理外包的协同化 177
  - 8.4.3 实行人力资源管理外包沟通与协调的畅通化 178
- 8.5 ZH-BF人力资源管理外包风险管理措施 179
  - 8.5.1 BF公司的风险管理 180
  - 8.5.2 BF员工风险管理 184

附录 层次分析判断矩阵结果 185

第 1 章

人力资源外包进化论：
什么是人力资源外包

随着经济全球化进程的不断加速以及企业经营环境的不断恶化，传统的企业经营管理模式也需要随之进行快速的响应和调整。企业需要对自身的经营管理能力进行深度分析，突出企业的核心竞争优势，同时不断增强企业的灵活度，加快对内外环境变化的响应速度。因此，越来越多的工作开始通过人力资源外包的方式进行。

1.1 企业人力资源管理：人力资源外包的概念

在进入21世纪以后，企业在人力资源管理方面将面临两个重要挑战：首先，人力资源管理对于企业的作用和战略意义更加重要；其次，企业的人力资源外包活动将更加普遍，也将成为企业主要的人力资源管理方式。

1.1.1 什么是人力资源外包？

人力资源外包的定义可以分为狭义和广义两种。其中狭义的人力资源外包是指人力资源管理的外包，也就是将组织内部人力资源管理的职能进行外包。而广义的人力资源外包是指企业将企业的人员以及与人员有关的管理职能全部交由外包服务提供机构进行管理，相对于狭义的人力资源外包而言，其外包内容更广。

学术界对于人力资源外包的内涵存在一定的争议，有不同的观点。企业进行人力资源外包的目的已经由原来的节省成本转变为竞争优势的确立。在未来相当长一段时间内，企业可以获得高速成长的主要方式就是进行人力资源外包；而人力资源外包是企业进行人力资源整合的有效方式。

通俗地讲，"人力资源外包"就是人力资源外包服务机构通过重复的人力资源管理活动，替代传统企业的人力资源管理工作的过程。

1.1.2 企业为什么要进行人力资源外包？

人力资源外包就是企业与人力资源外包服务商进行合作，建立长期合作关系的过程；企业将自身的人力资源管理过程中发生的招聘、培训等工作外包给专业服务公司；人力资源外包是实现企业人力资源管理工作转型，实现人员专业化以及组织绩效提升的重要手段；人力资源管理活动需要一定的人力资源运作能力、变革能力、目标管理能力、人际关系管理能力、分析认知能力等。

人力资源管理的定义是：企业采取一系列活动实现对企业人力资源的有效管理，从而实现企业员工以及企业自身的利益最大化。人力资源管理是企业管理工作中与人员或者人事关系相关的管理工作，而人力资源管理外包是企业众多外包服务的一种。

企业人力资源管理外包的过程就是外包服务机构依照合同进行企业人力资源管理的过程，人力资源外包服务机构为企业提供连续服务，从而替代企业进行内部相关部门的人力资源管理活动，外包服务机构与企业通过合同实现对企业特定人力资源活动的管理，并根据服务的内容进行费用的收取。

本节基于国内外众多学者的观点，实现对"人力资源外包"的定义：人力资源外包就是企业将事务性人力资源管理工作(不涉及任何企业机密)外包给专业人力资源服务机构，并支付相关服务费用来实现对企业自身人力资源管理的活动。具体情况如图1.1所示。

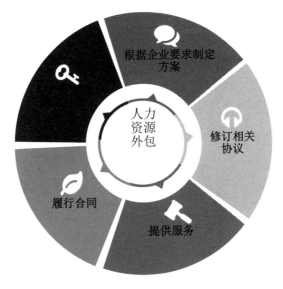

图1.1 人力资源外包示意图

1.1.3　人力资源外包的发展历程

20世纪80~90年代，现代管理学出现风靡一时的思潮，大家都认为："把不懂的业务全部包出去，我们只做我们熟悉的。"这实际也是企业本身对管理制度改进的一种需要，于是，人力资源外包公司迅速在海外蔓延。随着经济的发展，人力资源服务外包这种概念以及人力资源服务外包的业务也逐渐被我国的企业接受并认可。

然而，任何事物的发展都不是一蹴而就的，人力资源外包也经历了从萌芽期到主导期，从不成熟慢慢到逐步完善的阶段，最终发展到现在的规模，截至2017年我国人力资源服务外包行业市场规模已经达到2450亿元。

20世纪70年代末，我国成立了第一家人力资源外包企业——FESCO，象征着人力资源外包这个新兴的行业在我国正式出现。随后，整个80年代，我国的人力资源外包主要是以人力资源派遣的方式，向境外公司"提供中方雇员"为主。

到了20世纪90年代，随着"提供中方雇员"的业务不断成熟和发展，人力资源外包行业在我国已经积累了相当的经验，正式步入起步阶段。同时，随着国民经济的发展，大量的民营企业和外资企业涌现，人才也开始小范围地流动，各地的人才交流和职业介绍也为这些企业提供了服务，人力资源终于开始在人们的视线下揭开了神秘的面纱。

同一时期，随着外资企业的进入，以及先进的人力资源管理理念的引入，我国的企业，尤其是一些快速发展的高科技企业，也顺势从传统的人事管理思维转变到人力资源管理的概念。

由此，一批人力资源管理专家开始涌现，这些人利用自己的专业知识，开始成立专业的人力资源管理顾问公司，并推动了中国的人力资源外包市场的形成。

进入21世纪之后，我国的人力资源外包业也进入高速发展期，整个行业不但向规范化、专业化发展，行业内还形成了市场细分。人事事物外包也因为众多外资在华业务的发展而开始外包给国内的人力资源外包企业,而更加规范、专业的人力资源外包服务商也雨后春笋般遍地开花。

1.2 中外人力资源现状比较

国外对于人力资源外包动因的研究是以企业环境为基础,不同的企业环境可能会有不同的外包动因。

而国内学者对于人力资源外包管理也进行了较为广泛的研究,对人力资源外包的定义、动因、流程、优劣等都进行了深入的研究。

1.2.1 国外研究发展现状

国外的人力资源管理外包最先开始于大企业,然后才逐步地扩展到中小企业。大企业受到全球化进程以及"归核化"战略思想的影响,开始逐步实现对非核心业务以及非核心区域业务的剥离,以有效降低成本,更好地面对国际市场的竞争。

而且,大企业具备较好的技术基础,为人力资源管理外包创造了较好的条件。对于中小企业而言,由于市场竞争激烈、企业资源不足等问题,无法给予人力资源管理较多的资源,导致企业人力资源管理能力的严重不足,对企业的发展壮大极为不利。因此,人力资源管理外包模式的出现给中小企业带来了快速提高人力资源管理水平的曙光。

国外在对人力资源管理外包模式的研究过程中将研究重心放在了模式的规模化应用上,认为专业机构只有实现了大规模的人力资源管理外包并且有能力提供比目标企业更有利的利率,才能为中小企业的人力资源管理工作节省大量成本。而且专业机构在对中小企业进行人力资源管理的过程中应尽可能地提高其专业知识以便为中小企业创造更高的效益。

国外认为，中小企业通过引入人力资源管理外包模式，可以借助专业机构的规模效益，降低企业的人力资源成本和管理时间成本；而且，专业机构可以根据企业实际进行人力资源管理服务的个性化设计，对人力资源管理的效益提升更多。

企业引入人力资源管理外包可以获得较高的收益，对于中小企业而言投入资源进行人力资源的管理不仅成本较高(总体资源占比)而且收益较低，借助于外部机构进行人力资源的管理，则可以实现一定的人力资源管理"收益"。

由以上研究可以看出，人力资源管理外包机构利用其规模优势可以实现对中小企业人力资源管理工作的低成本接管，而对于单个的中小企业而言这些人力资源管理工作耗费的成本远远高于专业机构的成本水平，不利于企业的发展壮大，因此，人力资源管理外包模式在中小企业中也变得越来越有市场。

对于中小企业而言，人力资源管理外包是企业实现人力资源管理风险转移以及成本管理战略的一种有效方法。

根据美国管理协会对市场外包行为的调查数据，中小企业进行人力资源管理外包在人力资源管理外包的企业中占据了较大比重，当然，这和中小企业数目众多有着不可分割的关系。

在被调查的中小企业中，超过七成的企业都有人力资源管理外包行为。根据权威机构的调查结果，中小企业引入人力资源外包的比例相对于其他资源外包而言，比例更高，中小企业占到人力资源外包总量的81%，而在其他外包形式总量所占的比例只有30%。

这些数据表明，中小企业比大企业更倾向于进行人力资源管理的外包而不是其他形式的外包。企业的外包行为可以使企业与外包服务商形成稳定的价值链，通过"利益共享、风险共担"的方式使企业的经营稳定性大大提高。

在全球化以及市场竞争异常激烈的今天，企业进行裁员、重组以及对成长的追求等都将迫使企业进行人力资源管理职能的外包，通过外包方式实现成本的有效降低以及人力资源管理水平的提升。

从对人力资源管理外包的动因来分析看：从企业操作层面而言，人力资源管理外包可以降低企业在人力资源管理方面的专业要求，减轻企业的时间压力和成本压力，同时专业机构的人力资源管理水平、信息技术水平以及效率都优于企业自身的人力资源管理；而从企业战略层面来说，人力资源管理的外包可以实现企业战略资源的集中，实现去官僚化和政治化，同时还可以对企业的管理方式和组织方式产生深远的影响，有助于企业战略目标的实现与调整。

可以看出，国外对于人力资源外包动因的研究是以企业环境为基础，不同的企业环境可能会有不同的外包动因。其中，对于中小企业而言，选择人力资源管理外包的动因主要出于成本和效率的考虑，中小企业进行人力资源外包模式的引入可以有效降低企业的管理成本，同时大大提高企业的人力资源管理能力，实现企业核心竞争能力的加强以及竞争地位的确立。

此外，对于中小企业而言，利用人力资源外包实现人力资源管理风险的分散，也有助于企业综合风险水平的降低。尽管人力资源管理外包存在一定的缺陷，而且在实施的过程中不可能取得绝对的成功，但是大部分学者对于人力资源管理外包还是持支持态度，认为这种新的人力资源管理模式的应用可以对企业产生好的效益。

关于人力资源管理外包模式的风险和可能存在的问题，也有许多学者进行了深入的研究。人力资源管理外包机构如果缺乏有益经验的积累，就可能导致在企业应用人力资源管理外包模式的过程中产生风险；此外，企业对于人力资源管理的过程缺乏必要的监控手段，无法对专业机构行为的合法性进行有效监督；而且，企业在与外包商建立合作关系的初始阶段成本颇高。

外包行为具有来自供应商的竞争风险、企业变革风险、关税风险以及交易成本过高的缺点。外包行为将导致企业对外包机构的过度依赖并导致企业职能控制权的丧失。

在对人力资源管理外包模式进行风险识别以及风险评价方面,笔者认为应该分为主观和客观两个方面,因为风险是客观存在的,但是风险分析者的判断则绝对有较强的主观性,无法进行准确的评价计算。

此外,尽管人力资源管理外包机构的成本较之企业自身的人力资源管理成本较低,但是外包机构的有些行为可能会限制企业对人力资源的运用,从而抵消企业管理成本降低带来的效益。

如果人力资源管理外包机构的人力资源服务没有根据企业的实际情况进行必要的调整与优化,对于企业的人力资源管理的积极影响将非常有限。

中小企业实行人力资源管理外包模式能否获得较高的收益取决于外包机构对企业人力资源管理中存在的问题的诊断能力以及治理能力。而且专业机构的机会主义行为、对企业知识的理解程度、拥有的资源以及委托企业对专业机构的信任程度、建议接受程度等将对人力资源管理外包的实际收益产生根本影响。

外包机构的选择过程以及双方信任关系的建立过程对于人力资源管理外包的成功有重要影响。

笔者对外包风险分类整理,确立了包含五种主要类型(市场规则失效、信息甄别、道德风险、不完全契约、有限理性)的外包风险体系,同时针对风险的防范进行了深入分析。分析结果如下所述。

- ☑ 契约关系确立有助于降低外包风险,在建立契约关系时应当考虑所有可能的风险因素,并基于风险导致的结果进行契约条款的设计。建议中小企业在选择外包服务商时应当对多个外包服务商进行综合比较,而且通过加强备选服务商之间的竞争来消除机会主义行为的发生概率。
- ☑ 企业需在收益与风险平衡的基础上,基于双方的共同利益与风险的约束机制,合理规避外包风险的策略,包括甄别外包内容、签订战略合作协议以及定期绩效考评等。
- ☑ 企业人力资源管理需要特定的资产投资才可以得到相应服务,但是外包买方的特定资产投资有可能会提高外包供应商的机会主义行为。

企业人力资源管理外包活动应该划分为经营活动评估、外包商选择、外包商评估、外包关系管理、外包关系选择、招标和恢复等六个阶段。同样也可以划分为：企业竞争力分析、外包商评估与确定、服务外包协商、外包项目执行、外包关系管理和外包项目终止等六个阶段。

依据社会交易理论，如果企业人力资源外包的选择方与提供商之间信任增加就会降低机会主义发生的概率，确保了企业人力资源管理外包活动成果的关键因素包括知识共享、价值增长、企业愿景、彼此间的信任、外包活动的监控与实施。

企业人力资源管理外包活动具有以下特点，如图 1.2 所示。

企业人力资源管理外包活动的 4 个特点	
	企业人力资源管理外包活动外包商选择侧重于能力和专业知识；
	企业人力资源外包注重的是外包商的诚信、声誉、责任和可靠性等；
	企业人力资源管理外包成功的基础则是建立在信任基础上的管理模式；
	企业人力资源管理外包的发展趋势是由过去节约成本的观念朝着集聚竞争优势的观念转变，并且还预测未来十年专业的人力资源管理外包企业会获得非常好的发展机遇。

图 1.2 企业人力资源管理外包活动的 4 个特点

企业人力资源管理外包活动具有以下特点。

- ☑ 企业人力资源管理外包活动外包商的选择侧重于能力和专业知识。
- ☑ 企业人力资源管理外包，注重的是外包商的诚信、声誉、责任和可靠性等。

- ☑ 企业人力资源管理外包成功的基础则是建立在信任基础上的管理模式。
- ☑ 企业人力资源管理外包的发展趋势是由过去节约成本的观念朝着集聚竞争优势的观念转变，并且预测未来十年专业的人力资源管理外包企业会获得非常好的发展机遇。

国外通过研究发现马来西亚部分企业的管理者还缺乏相关知识处理与人力资源外包服务商间的关系。研究发现当前很多企业人力资源外包已经由原来的单一服务商转向多服务商才能满足企业需求，说明人力资源外包的市场需求越来越大。

另外，在研究了伙伴关系与人力资源外包质量之间的关系后，通过对 96 个制造业企业的调研发现伙伴关系质量、伙伴间信任程度、业务理解程度等都会影响人力资源外包是否能够成功。

1.2.2 国内研究发展现状

目前国内研究人力资源外包的人也有很多，从 20 世纪 90 年代开始，各种研究论文不断发表，研究的深度不断加强。本小节列举了国内主要的一些发展进程。

有人认为：企业在进行人力资源管理外包时应当注意引导企业员工对外包模式的认同，同时加强文化的融合。认为企业选择人力资源外包的最大风险是法律风险，此外外包机构的选择、信息泄露以及履约风险等都可能给企业带来较大损失。

其实，外包合作是双方的适应问题、企业信息的安全问题以及企业运营成本的控制问题，这些问题均可能导致外包模式的失败。人力资源外包的风险主要来自外包机构和企业环境。而根据外包风险发生的时间段分类，又可分为初始风险和实施过程风险。

企业在进行人力资源管理外包的过程中，应制定风险预警、外包机构选择、人力资源管理定位等风险控制措施。人力资源外包的风险控制机制包括：一方面，通过国家法律法规加强对市场的监管，另一方面，企业要做好员工的思想沟通工作。

而且企业不能对人力资源外包过度放权，应当加强对外包机构的监控，形成财务报告和安全报告机制。

人力资源管理外包的风险有两种：内部风险和外部风险。

内部风险主要来自内部员工、管理制度以及外包合同，而外部风险主要来自双方的文化冲突、外包机构的安全管理以及外包机构的服务能力。

在选择外包机构时，应当对其信誉、经验等进行充分的背景调查，并以外包合同明确双方合作过程中的权利义务关系，同时约定相关的赔偿条例；企业在人力资源外包模式的考虑上，应当结合企业实际决定外包的目的、内容、方式以及外包机构的选择。

同时，一旦外包行动开始，要妥善处理与外包机构之间的矛盾冲突，做好管理监督工作。对外包过程中产生的风险应该制定有益对策，包括：外包过程管理监控、合作双方密切沟通、企业文化求得共识、风险预警管理以及外包服务合理激励。因此，风险管理要从企业与外包机构双方利益视角均衡考虑，同时要注重对员工、社会等相关因素的价值影响。

总体而言，国内学者对于人力资源外包管理进行了较为广泛的研究，对人力资源外包的定义、动因、流程、优劣等都进行了深入的研究。

但是，具体到如何选择外包服务供应商、如何进行外包决策、如何防范风险以及如何有效实施人力资源外包等都缺乏与实际相结合的深入研究，对于国外相关理论的借鉴较多。

此外，虽然对于人力资源外包风险管理的研究已经取得了一些成果，内容涵盖了人力资源管理外包的全过程，无论是理论研究还是实践总结都取得了一定程度的进展。但是，从以上研究成果的描述看来，尽管对于人力资源管理外包的风险管理的描述有细微差别，但是本质上并无显著区别，因此，对于人力资源外包的风险管理还需要专家学者结合企业实践进行广泛的、深入的研究。

1.2.3　国内外研究的不足

综上所述，虽然国内外很多学者对企业人力资源外包所进行的广泛研究，既为本文的研究奠定了基础，也提供了丰富的理论视角，但是综合分析国内外研究现状可以看出其中也存在一些不足之处，具体如图1.3所示。

由于各种原因，目前普遍认为人力资源外包对转型期我国企业，特别是管理欠完善的中小企业和亟待控制管理成本的规模以上企业都极为重要。因此，由外包所带来的不确定性，人力资源外包风险研究也受到了学者们的广泛重视。特别是由于外包嵌入复杂的企业间关系网络，最近基于社会网络关系的人力资源外包风险研究也逐渐兴起。

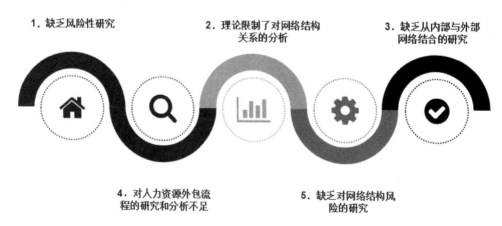

图1.3　国内外研究的不足

这些研究强调网络中关系结构对重要后果的影响，关注了由外包企业人力资源部门、员工和人力资源服务供应商构成的人力资源外包价值网络结构，特别是有学者研究了基于结构洞的弱关系和基于 Simmelian(齐美尔)连接(也称联结)的强关系与人力资源外包有效性的探索性的理论研究。

1. 缺乏风险性研究

由于管理者不愿意仔细监督和审查企业外包的真正需要，或者过度控制外包的执行，人力资源外包也可能面临许多风险。在每一个干预点，不仅仅存在是否自己做或者外包这样的问题，还存在如何在独立性与激励供应商，以及外包企业对控制和监督之间保持合理的平衡的问题。

在此情况下，进行"自己做或外包的决策"仅仅是战略管理的第一步，而如何管理外包过程、如何处理外包之后外包关系网络结构中的关系是企业发展的一个非常重要的问题。然而迄今为止，外包企业人力资源部门如何管理外包关系以达成高效人力资源方面的研究更是凤毛麟角。

2. 理论限制了对网络结构关系的分析

目前解释人力资源外包的理论限制了对人力资源网络结构中关系的分析。然而，社会网络理论强调网络中关系结构对重要后果的影响，这为弥补以往理论分析的局限提供了一个新的途径。而且社会网络分析中的一些概念和主要活动方面的研究文献与人力资源外包关系管理是一致的，因此社会网络视角可以为考察人力资源外包网络中的那些关系提供一个新的视角。但是基于社会网络视角的人力资源外包风险管理的研究更是少见。

3. 缺乏从内部与外部网络结合的研究

虽然近年来有极少数的理论文献开始探讨人力资源外包关系网络，关注了由外包企业人力资源部门、内部员工和人力资源服务供应商构成的三角网络结构，但很少有研究从各参与方内部分层与单位层次的外部网络结构相结合的方式，以更为精细的角度考察人力资源外包关系。

4. 对人力资源外包流程的研究和分析不足

对企业人力资源外包流程的风险研究与分析不足，部分学者从外包主体的角度分析风险，也有从外包环境的角度分析风险，但是基于企业人力资源外包流程的角度研究风险还不足。

5. 缺乏对网络结构风险的研究

尽管有零星研究探讨了人力资源外包中的风险管理问题，也从价值网和利益相关者的视角识别了人力资源外包中各利益相关者面临的一些风险因素，但已有研究中很少从社会网络视角，基于中国企业管理情境，使用案例研究和半定量的建模研究方法共同考察人力资源外包关系网络结构所导致的各种风险问题。

根据对国内外人力资源管理外包模式的发展动态和趋势的分析可以看出，人力资源外包已经成为中小企业人力资源管理的重要模式，取得了十分积极的成效。此外，随着中小企业和初创公司的不断涌现，组织扁平化正成为一种趋势，而人力资源管理外包模式对于扁平化的组织模式又极为适用，因此，人力资源管理外包模式在未来一段时间内都将保持着较快的发展速度。

但是，对于企业而言，如何选择人力资源管理外包模式以及如何实施人力资源管理外包模式都将成为企业面临的难题。

1.3 人力资源外包的几种常见模式

不同的企业因自身状况的不同，其人力资源外包的程度以及形式方面都会存在较大差异，不同企业在选择人力资源外包模式时应当充分考虑企业自身情况。通常采用以下两种方式进行人力资源外包模式的划分。

1.3.1 按合作方式划分

按照合作方式的不同，可以将人力资源外包模式划分为专业雇佣模式、临时雇佣模式、战略合作模式等六种模式，具体如图1.4所示。

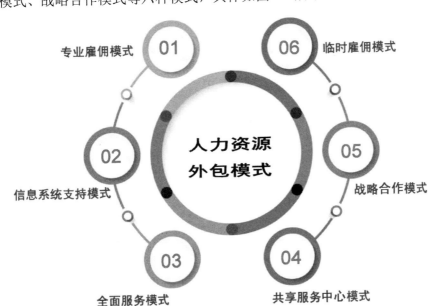

图1.4 按合作方式划分的人力资源外包模式

1. 专业雇佣模式

在企业经营环境急剧恶化、人力资源管理成本不断提升的情况下，要求企业必须对非核心职能部门进行调整，由此产生了专业雇佣模式。专业雇佣模式中，企业对外包机构的财务状况、经验储备、人员素质、设备齐全程度以及企业与外包机构之间价值观近似度等因素的判断都影响着企业人力资源管理外包模式的选择。

2. 信息系统支持模式

在这种模式下，外包服务机构主要是为企业提供人力资源管理过程中的信息系统支持，通过向企业出售或者租赁人力资源管理系统的方式实现服务外包。

3. 全面服务模式

利用全面服务模式可以提升企业对人力资源管理的满意度，并不断压缩企业的管理层级，使组织趋于扁平化。全面服务模式下外包服务机构的主要挑战是企业对其管理能力的不信任。

4. 共享服务中心模式

多个企业通过共享人力资源服务机构提供的服务中心，可以实现对自身人力资源职能的集中和重组，使企业的人力资源管理更加规范。人力资源外包机构提供的服务中心一般包括 IVR(交互式语音问答)系统、计算机网络系统以及对人力资源管理工作流程的固化。

5. 战略合作模式

应用人力资源管理外包的战略合作模式，可以依赖外包机构的规模优势实现企业经营战略的集中。人力资源管理外包的战略合作模式跨越了人力资源管理的微观层面，促使企业人力资源的管理职能更多地集中于企业的战略改革、长期发展以及企业精神的建设，而不是日常工作的管理。

6. 临时雇佣模式

随着信息技术的发展以及企业全球化进程的加快，企业经营环境的快速变化以及大规模裁员活动的常态化，使得临时雇佣模式的应用越来越广泛。对于一些大型跨国企业而言，除了核心部门之外的其他部门都是由大量临时雇员构成。企业采用临时雇佣模式的不足之处在于，对于人才匮乏的行业，对临时雇员的过度依赖将使企业在竞争中处于劣势。

1.3.2　按需求划分

人力资源外包模式按照需求可以分为局部外包、整体外包以及综合外包三种模式。

1. 局部外包

企业结合自身人力资源管理实际，将部分管理职能进行外包，其余职能仍然由企业自有的职能部门进行管理,这样可以有效均衡成本收益。

2. 整体外包

企业将涉及人力资源的所有工作职能均委托给服务机构进行管理,企业的人力资源部门仅仅在企业与外包机构之间充当沟通中介。企业一般选择将事务性的人力资源活动或者对企业发展战略影响较轻微的模块进行整体外包,既可以节省管理成本,又不至于影响企业的正常发展。

3. 综合外包

所谓的综合外包模式就是对局部外包和整体外包的综合利用,企业可以对某些职能进行整体或者局部外包,这些职能既可以选择单一服务机构,也可以对职能进行一定程度的拆分并委托给不同的服务机构,以有效降低单一服务机构机会主义行为导致的风险。

1.3.3 按照外包深度和广度划分

基于战略研究理论,本节对人力资源外包进行了多维度分析,形成了与以上两种分类方式截然不同的人力资源外包模式划分,如图1.5所示。

在基于深度和广度的人力资源外包模式中,横轴标示外包深度,纵轴标示外包广度。

1. 外包深度可以分为三种:内部负责模式、外主内辅模式以及外部负责模式

在内部负责模式中,企业人力资源管理的核心职能由企业内部的人力资源部门负责,其余非核心职能由外包机构负责。企业通过契约对外包机构的行为进行管理,可以有效降低外包机构的风险概率。

外主内辅模式指的是外包机构负责大部分人力资源管理职能,企业只对个别职能进行辅助管理。企业通过对外包机构效果与企业预期目标进行比较,决定是

否停止外包还是扩展外包深度。

外部负责模式则表示企业将与人力资源相关的全部职能均委托给外包服务商，企业与外包机构的行为都受到契约的限制。

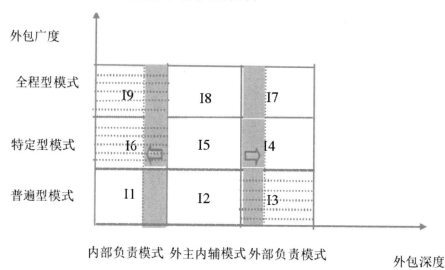

图 1.5　基于深度和广度的人力资源外包模式

2. 外包广度也可分为三种：普遍型模式、特定型模式和全程型模式

在普遍型模式中，企业只将部分业务职能委托给外包服务商；在特定型模式中，企业会将多项完整的企业职能外包给服务提供商，而全程型模式则通过"一站式"解决方案实现所有人力资源职能的外包。

通过对图 1.5 进行模式组合的可行性论证，可知 I3、I6 与 I9 组成的第二模式区间可行性较低，剩余 6 个模式组合的第一模式区间则具有较高的可行性。

① 普遍型-内部负责模式(区域 I1)。企业通过将部分人力资源职能中的指定业务模块进行外包，对核心业务模块由企业自身的人力资源部门进行管理，通过协议可以有效地约束双方的行为，风险较低。

② 普遍型-外主内辅模式(区域 I2)。企业将部分非核心职能由自身人力资源部门消化，将核心职能委托给外包机构，可以建立与外包机构的良好合作关系。

③ 特定型-外部负责模式(区域 I4)。企业在对外包机构充分信任的情况下，完全可以将特定的人力资源职能完全委托给外包机构，对于委托出去的职能企业不会进行任何程度的干涉。这种模式有助于双方建立合作伙伴关系，体现了双方的信任。

④ 特定型-外主内辅模式(区域 I5)。企业将特定的人力资源职能委托给外包机构，外包机构独立完成与职能相关的所有业务，企业只负责一些辅助性工作，帮助外包机构顺利完成外包的各项职能。通过外包服务团队与企业人力资源部门的密切配合，实现外包机构对企业的服务嵌入。

⑤ 全程型-外部负责模式(区域 I7)。该模式要求企业与外包机构长期合作通过彼此的考验并获得对方的完全信任。在这种模式下，企业的所有人力资源职能完全交给外包机构处理并对外包机构完全信任，而外包机构也总能完成企业的业务委托，是最理想的企业人力资源外包模式。

⑥ 全程型-外主内辅模式(区域 I8)。企业将所有的人力资源职能都委托给外包机构，由外包机构完全负责，企业的人力资源部门负责一定的联络和监督工作。

而其余的模式则显得较为模糊，可行性较低。

⑦ 普遍型-外部负责模式(区域 I3)。这种模式的模糊性在于普遍型外包的广度与外包机构全权负责的模式形成悖论，模式的出现可能机会为零。

⑧ 特定型-内部负责模式(区域 I6)和全程型-内部负责模式(区域 I9)。这两种模式出现模糊的原因在于无论特定型还是全程型都要求企业对部分职能的完整外包，而内部负责模式并不允许这种外包行为的发生，因此形成悖论，所以这两种模式也不具备实际的可行性。

第 2 章

人力资源外包价值链：如何为企业创造价值

企业需要对自身的经营管理能力进行深度分析，突出企业的核心竞争优势，同时不断增强企业的灵活度，加快对内外环境变化的响应速度。经营环境的变化使企业不得不考虑与行业内合作或者跨界合作，通过采用与不同企业进行深度合作，结成利益共同体的方式，才能够在风险到来前实现足够的资源积蓄，获得与恶劣经营环境对抗的资源和力量。

2.1 企业人力资源外包的三大优势

企业人力资源外包的三大优势如图 2.1 所示。

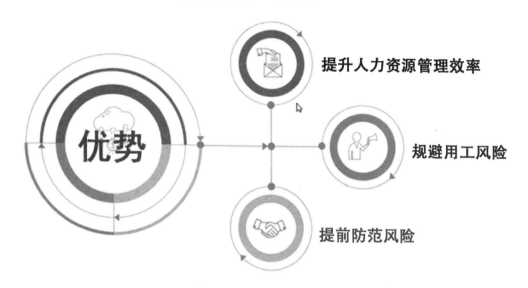

图 2.1　三大优势

2.1.1　提升人力资源管理效率

招聘难，是现代企业管理难题；人员入职之后能否留得住，稳定得下来，又是企业人事管理的大事。很多企业都会有一些用工比较多的职能部门，这种部门的人员一直保持着流动性，人员频繁进出，不管是劳动合同的签订，还是用工备案，技能培训还是社保登记与办理，都是一项烦琐的操作。

而人力资源外包企业，能够更专业地处理这些问题。把人力资源外包，企业本身无须花人力和精力处理这些琐事，有限的人手专事生产，对于提升企业管理效率具有莫大好处。

2.1.2　规避用工风险

在用工趋于规范化的环境下，国家越来越注重保护员工的合法权益，并且制定了一系列保障员工权益的政策。但是，这些政策也很容易被一些员工利用，许多企业还没和员工签订正式的合同，即被离职的员工恶意举报，双倍补偿员工社保，这给很多企业管理者造成困难。

企业在处理相关事情的过程中，疲于应对，不仅浪费人力财力，更加有损企业形象。企业把人力资源外包之后，有关劳动法规事宜，就由人力资源外包公司来负责，企业减轻了自身用工风险。

2.1.3　提前防范风险

招工难已经不是新鲜话题，尤其是大量使用女工的岗位，在面临女员工孕期不能解雇，产后需返岗，社保定期缴纳的问题上，如果企业使用的女性员工恰好比较多，年龄比较接近，对于企业来讲是一个巨大的成本。

对于如何配比员工的性别比例和年龄比例，有效规避或者控制这种风险，专业外包机构也能给出一定建议。

人力资源外包能给企业带来优势，同时在外包进行的各个阶段，也存在这相应的风险。

2.2　四大特性决定了人力资源外包的"与众不同"

人力资源外包从根本上来说也是一种服务，因此具有服务行业共有的基本特性，但是人力资源外包又是一种特殊的服务方式。我们常说的服务，是人在服务于他人的过程中，劳动是服务的形态，而人力资源外包的这种服务，是机构提供给机构的服务，他的服务形态变成了人。所以，具有如图 2.2 所示的与众不同的特性。

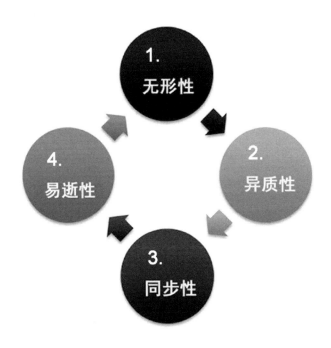

图 2.2　人力资源外包的特性

2.2.1　无形性

人力资源外包作为一种服务，都是通过相关人员的行动所体现的，具有"无形"的特征，无法像实物商品一样进行感知。

2.2.2　异质性

人力资源外包是一种服务，是通过人的行为来实现的，因此，服务的过程会因为人员的不同或者人员状态的不同产生不完全一致的效果。因此，人力资源外包活动具备异质性，不同公司的服务、同一公司不同员工的服务以及同一员工不同状态下的服务都不可能完全一致，而且，服务主要取决于服务对象的感受，其异质性较为明显。

2.2.3 同步性

服务商品与实物商品不同,服务的消费和生产是同步进行的,人力资源外包的服务过程也就是企业客户的消费过程,甚至在有些情况下,人力资源外包机构与企业并没有发生任何的人员接触也产生了服务,比如外包机构为新入职人员办理社保、公积金等业务,是直接与相关政府机构交互,并没有与企业的员工发生任何交互。

2.2.4 易逝性

企业人力资源外包过程不能够存储,也无法进行转售,更不可能由企业客户退回给外包机构,一旦服务发生就会产生费用,企业客户无法在享受到服务之后向外包机构提出更换或者退回的要求,外包机构的服务也无法收回进行"二次销售"。

尽管我国人力资源外包市场起步较晚,目前尚未形成成熟的市场,但是,经过最近十几年的发展,人力资源外包市场已经得到了快速的发展,一些专业化的人力资源外包机构不断出现,也产生了较为明显的社会经济效益。

2.3 人力资源外包对企业实现价值创造的三大维度

现代社会对工作的分工越来越细,公司内部的员工像是零件一样完成每件具体工作,因此,越来越多的工作通过人力资源外包的方式进行。企业通过将非核心工作的人力资源外包,实现对核心竞争力的资源集中,可以有效地实现降低企业成本、提升精英效率以及增强企业核心竞争力的战略目标。

现代企业的人事任用早已经脱离了连带关系的早期模式,专业的经理人制度已经深入人心,本着为企业发展储备更多专业人才的原则,人力资源外包对企业而言，具有三个方面的重要意义。如图 2.3 所示。

图 2.3　人力资源外包对企业的意义

2.3.1　非核心业务外包，是企业实现竞争优势集中的重要方式

网络经济和知识经济的发展加快了人力资源管理外包的进程。随着全球经济一体化、网络化以及知识化程度的不断提高，传统企业之间以及传统企业与互联网企业之间的竞争都面临进一步加剧的趋势，企业的传统经营模式、管理理念以及企业之间的竞争合作状态都发生了天翻地覆的变化。

经营环境的变化使企业不得不考虑与行业内合作或者跨界合作，通过采用与不同企业进行深度合作，结成利益共同体的方式，才能够在风险到来前实现足够的资源积蓄，获得与恶劣经营环境对抗的资源和力量。因此，企业之间基于合作与依赖的价值网络将变得越来越紧密，企业的经营理念也将从传统的竞争模式变成合作模式。

企业由于资源限制，无法实现在所有经营领域的竞争优势，只有将资源集中于企业擅长的核心业务领域，才能不断保持企业的发展壮大，占据与其他企业竞争中的优势。因此，将非核心业务外包，是企业实现竞争优势集中的重要方式之一。

通过人力资源的外包，企业可以实现对自身职能部门的精简，剔除非核心部门，实现对企业经营目的的精确定义。在进行人力资源外包之后，企业之间通过互相合作实现共生，形成一种新型的企业生态模式。人是主要的知识载体，对人的管理在网络经济和知识经济时代可以实现更高的个性化以及管理效率。

从20世纪90年代开始，欧美一些国家开始出现人力资源管理外包，比如美国开始出现一些专业的雇主公司，这些公司专门为大公司提供人力资源服务，通过将小公司的人力资源外包给大公司，实现了人力资源的合理流转，既提高了小公司的收入，又降低了大公司的成本。

雇主公司自出现之后，一直保持着较快的发展速度，一度成为美国人力资源服务市场上发展最快的业务。进入21世纪后，人力资源管理外包的企业建设已经发展成熟，规模也不断壮大，麦肯锡等专业外包公司不断出现。

美国现已成为全球人力资源服务最大的市场。作为第三产业——服务业的分支，人力资源行业在全球是一个令人瞩目的朝阳产业，据美国知名调研公司IBISWorld的调查数据显示，2012—2016年全球人力资源和就业服务行业营收规模以3.5%的增长率增长至6095亿美元，其中美国是全球人力资源服务最大的市场，占比约为30%。另外，根据Staffing Industry Analysts的"美国人才服务行业预测"显示，美国人才服务行业营收在2020年增长率大约为3%，其中原因在于GDP增长放缓，但是未来行业整体表现值得期待。

人力资源管理外包对于企业的发展而言是一种新型的可尝试方向，市场潜力不可估量，具有十分惊人的增长速度。

在中国，人力资源管理外包的比例也在逐年升高。根据《2018年中国人力资源外包发展现状与市场前景分析》，中国的人力资源管理外包规模正处于逐年上升趋势，更多的行业和企业开始试水人力资源外包，尝试将一部分工作内容进行外包，人力资源外包将逐步成为部分企业的主要人力资源管理模式，将长期执行。

由此可见，国内企业对于人力资源管理外包模式的接触越来越多，认识也更加深入，人力资源管理外包这种企业管理模式未来也将在国内企业中以较快速度推广。

2.3.2 人力资源外包为企业带来的价值

人力资源管理的外包可以为企业带来经济价值、技术价值以及战略价值。具体如图 2.4 所示。可以有效提高公司的人力资源管理水平，对企业核心竞争力的提升有促进作用。

图2.4　人力资源外包对企业的三大价值

1. 经济价值

企业的人力资源管理能力相对于专业的人力资源管理外包公司而言肯定不具备优势，因此，在企业资源有限、竞争压力较大的情况下，将人力资源管理交给专业的外包公司，企业则可以将精力和资源投入到核心竞争区，使企业的竞争优势得到进一步发挥，获取更多的经济效益。

而且，通过将非核心职能外包的形式，实现了风险的转嫁，人力资源的风险变成企业与外包公司共同承担，大大降低了企业的人力资源风险。此外，人力资源管理外包企业可以利用自身优势实现人才的培训、技术的更新以及管理模式的优化，以最低的成本投入实现企业非核心职能的竞争优势的显著提升。

2. 技术价值

专业的人力资源管理外包机构会定期对公司管理的外包人力资源进行培训，使用先进的专业技术和理念实现企业员工能力的不断提升。借由人力资源外包，企业可以享受到外包机构的最先进服务，学习到最先进的技术，可以有效弥补自己进行相关人力资源管理时的短板。

同时，根据效仿人力资源管理外包机构的人才管理与培训模式，可以学习到一些人力资源管理方面的专业知识和信息技术。因此，企业积极地将人力资源管理外包，可以使企业不断朝更高目标努力，消除了人力资源无法跟上企业发展脚步的后顾之忧。

3. 战略价值

美国人力资源管理理事会主席 Cale Parker 认为：现实经济环境下的企业改制、并购重组以及部门精简等重要战略的制定都对人力资源管理提出了极高的要求，在企业进行组织变革的过程中发挥着不可替代的重要作用。

企业通过不断对非核心职能进行外包，可以使企业更加专注于自己的核心竞争力，而且，随着人员外包的不断增加，必然会影响企业对自身定位、发展战略以及经营管理理念的思考。

在人力资源外包进行到一定程度后，剩下的那部分未实行外包的就是企业的核心竞争力，也是企业的根本所在，是企业发展的核心动力。因此，企业引入人力资源外包模式，对企业流程改造、部门精简以及战略调整等都具有极为重要的意义。

企业的人力资源部门不再是事务性部门，而将变成首席执行官的重要助手，有助于企业战略决策的制定。

2.3.3 人力资源外包给企业带来的效益

在知识经济和网络经济到来之前，企业战略理论的研究对象都是企业自身，试图对企业与环境的相互影响进行描述，从而帮助企业适应环境的变化甚至积极地影响环境，认为企业不断确立自身竞争优势并实现对运营模式的把握，就可以消除其他竞争者带来的威胁，从而不断实现利润空间的增长以及生存环境的优化。

那么，人力资源外包，究竟能为企业带来什么效益呢？如图2.5所示。

图2.5 人力资源外包给企业带来的效益

1. 分散风险

自从人类社会进入网络经济时代以来，信息技术的发展使企业的生存环境发生了剧烈的变化，以至于任何企业都无法单纯依靠自身力量实现对环境变换的适应，要求企业必须与环境中的其他企业实行有效的联合、共同承担风险、共享利益才能够适应环境的变化，保证企业的生存。

任何两家企业之间都不再是单纯的竞争关系，企业之间形成了复杂的关系网，所有企业战略方针的制定和组织结构的规划都需要对企业关系网给予足够的重视。

随着互联网技术的广泛应用以及互联网企业触角向传统行业的快速渗透，企业必须依靠稳固的关系网才能够抵挡网络经济时代的冲击，而合作共赢也将成为企业在网络经济时代下的核心经营理念。

企业是国民经济的基础，国民经济的快速发展离不开企业的发展与进步。随着科学技术的进步以及网络信息技术的广泛应用，企业对于国民经济的发展所起的作用越来越重要，对于推进经济增长、繁荣市场经济、保障国民就业、优化产业结构以及维护社会稳定都极其重要，是我国社会主义现代化建设的重要支柱。

2. 提高效率

在网络经济时代，企业战略决策的制定与实施都应当具备足够的灵活性，如此才能适应新经济时代下市场需求的多样性以及快速变化，而灵活性对于企业的创新也将产生不可比拟的优势。此外，科技型企业在经营过程中可以实现对科技研究成果的快速消化，更能够不断地进行技术创新，对国民经济的增长贡献巨大。

科技型企业逐渐变成我国市场经济的重要组成部分，也成为我国国民经济增长的主要发力点。随着经济全球化以及信息化时代的全面到来，有效提高我国企业的核心竞争力才能在未来的国际企业竞争中保持持续、稳定的发展，而人力资源管理无疑是提升企业核心竞争力的主要手段与必然选择。

相对于传统企业，科技型企业的员工知识水平较高，企业生产销售的产品一般具有较高的科技含量，而且，科技型企业的使命是实现先进科学成果的商业化，追求创新是企业的核心价值观。

3. 节约成本

随着市场竞争的日趋激烈，企业在市场竞争中必须不断提高产品或服务的品质，并不断地降低生产成本，才能够在复杂的环境变化中不断调整企业的状态，谋求企业的生存与长期发展。

然而，对于大部分中小企业而言，人力资源管理并非企业的强项，人事制度的制定也不成系统，员工无法享受到完善的福利制度以及自我提升的机会，更不存在与企业发展战略相适应的人力资源计划。

因此，企业在人才招聘、员工满意度以及人员流动性方面都表现得无能为力，对于企业的发展壮大极为不利。实现人力资源管理的科学化，以及专业能力和管理效能的不断提升是许多企业亟待解决的问题。

对于很多企业管理者而言，核心业务才是他们关注的重点和兴趣所在，因此，无法也不愿意将有限的精力投入到人力资源管理中来。因此，企业通过引入人力资源外包这种新型企业管理模式，可以实现外部资源的有效整合，利用人力资源外包机构的"专业"来进行企业的人力资源管理，既可以实现管理成本的降低，又可以节省管理者的资源和精力，还可以提升企业的核心竞争力，是一种一举多得的人力资源管理模式。

2.4 人力资源外包的远景终极目标

每个企业选择人力资源管理外包的动机和目标都是不尽相同的，即使同一家企业对不相同的人力资源管理职能外包时，也会有不同的目标和动机(赵利，

2013)。通过对企业人力资源管理外包的动机和目标进行分析研究可知，企业的人力资源管理外包的目标主要有如图2.6所示的几类。

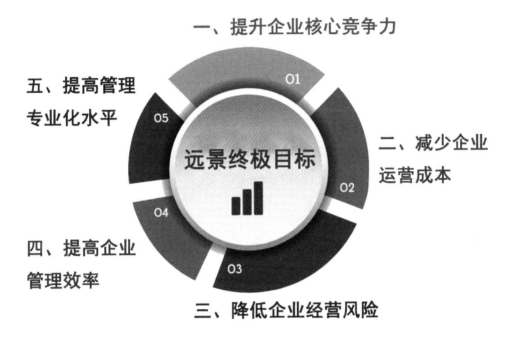

图2.6　人力资源外包的远景目标

2.4.1　提升企业核心竞争力

进入21世纪，信息技术的变革日新月异，人们进入了一个知识爆炸性时代，全球经济一体化已经成为不可逆转的趋势，市场竞争越来越激烈。在竞争激烈的市场环境下，任何企业都无法在所有业务领域内长期保持领先地位，企业必须具有自己的核心竞争力和核心业务，否则很难在这种市场环境下生存和发展。企业需要将优质的资源集中在核心的业务上，树立企业的核心竞争力，而对企业竞争力提升贡献较小的非核心业务可以通过外包的方式交由外部的专业机构进行管理。对于企业人力资源管理部门而言，有些活动可以保持企业竞争优势和保证组织战略目标的成功实施，比如人力资源规划等活动，这些活动则不需要外包给外部机构来管理，而把劳动保险、档案管理、一般性员工培训、薪酬管理等活动则外包给外部机构，这样企业就可以集中更多的优质资源于企业人力资源战略管理等核心业务，提升企业核心竞争力。

2.4.2 减少企业运营成本

企业人力资源管理外包可以降低企业运营成本表现在两个方面：一是可以降低企业人力资源管理的投资，比如建立 HR(人力资源)信息管理系统和增加员工等方面的投资；二是可以通过人力资源外包服务商拥有的规模经济的优势，给企业带来高质量和低成本的人力资源服务。

比如工资发放、劳动保险等人力资源管理业务。企业将非核心业务外包给外部专业组织来管理，可以最大限度地节省企业人力成本和物力成本，同时也可以降低企业在人力资源管理过程中产生的风险和差错，从而降低企业人力资源管理成本。

2.4.3 降低企业经营风险

企业在人力资源管理上可能会遭遇三大风险：一是企业管理过程中由于和相关劳动政策产生冲突而引发的劳动争议，比如企业没有制定符合国家相关劳动政策的加班制度或者没有支付员工合理的加班工资，在员工招聘和辞退过程中产生的劳动争议；二是在薪酬、招聘和考核等方面存在的不公平现象往往会导致员工的不满；三是在员工培训方面没有提供给新员工及时和体系的培训，导致新员工无法快速地适应新岗位，招聘的新员工不符合企业要求。

企业的内外部环境的差别会给企业的业务发展和经营带来一定的不确定性。将人力资源管理服务外包出去，企业可以将部分经营风险转移给专业服务商来承担。这样，专业服务商经营的好坏一定程度上就会依赖其客户的经营情况，这样就产生了一个利益共同体，这种利益共同体可以有效帮助企业在运营过程中规避运营风险。

2.4.4 弥补企业管理薄弱环节，提高企业管理效率

国内的一些企业，尤其是一些中小企业，受限于企业有限的资源和管理能力，往往缺少专业的人力资源管理专家。企业日常管理人员不熟悉人力资源管理业务，工作效率较低都会影响到企业管理效率。同时随着企业不断发展，企业在人力资源管理业务上也会出现一些新问题。

比如引进人才的家庭安顿问题和人才外派等，这些企业管理者不熟悉的人力资源问题，如果没有专业的人力资源管理人员，往往会耗费企业大量的资源，而且也不一定能取得好的效果。所以让专业的人力资源外包服务机构管理这些熟悉度低的业务，能够有效提升企业的管理效率。

人力资源管理有两个业务范畴：一是战略性的，二是事务性的。战略性的业务范畴主要包括组织发展开发、组织业务开发、职业生涯规划、中高层主管甄选、人力资源政策等，事务性的业务范畴主要包括人事档案管理、员工考核、员工招聘、员工教育培训等。

事务性工作一般价值较低，如果把这些细节化的工作外包给服务商，就可以减少负责这种工作的员工。人力资源管理外包服务商可以为企业提供人力资源管理方面的信息和高质量的服务，通过规模经济效应给企业客户带来成本上的节约，从而降低企业的经营管理成本，提升企业的收益水平。

人力资源管理外包服务商可以提供专业化的管理服务和先进的管理思想，企业可以通过外包提升企业管理效率，降低企业运营成本，增强市场竞争力。

2.4.5 提高管理专业化水平，实现资源最佳分配

一个企业或者一个部门，通常只熟悉自己所在的业务领域，管理具有较大的局限性。而专业的人力资源服务公司通过大量的业务调查研究和专业的技术人才提升企业的专业化服务水平。人力资源外包可以充分利用多家公司的人才资源，可以弥补公司自身资源的不足，强化自身的市场竞争优势。企业之间通过这种优势互补的方式，可以优化配置社会资源，发挥社会资源的最大价值。

人力资源外包有这样很明显的优势，不过企业选择或者不选择人力资源外包，应该有自身的考量。

第 3 章

人力资源外包决策分析：
企业要不要做人力资源外包

随着经济全球化进程的不断加速以及企业经营环境的不断恶化，传统的企业经营管理模式也需要随之进行快速的响应调整。企业需要对自身的经营管理能力进行深度分析，突出企业的核心竞争优势，同时不断增强企业的灵活度，加快对内外环境变化的响应速度。因此，越来越多的企业开始采用人力资源外包的方式进行人力资源管理。

3.1 人力资源外包的关系网络

由于社会网络理论在组织战略和组织行为研究中具有很高的价值,因而近年来愈来愈受到学术界的欢迎。该理论主要聚焦于参与各方之间的关系,包括组织间的关系及其属性和所处结构的位置。

社会网络可以视为由节点(其为一般的个体或者组织)组成的社会结构,其通过一个或多个具体类型的关系连接起来,诸如相互依赖性、经济交换、友谊等。基本的网络结构包含成对的、双方关系以及三方组成的三角关系。

这些网络结构根据各方之间连带关系的强弱,可以是开放的也可以是闭合的。在社会网络分析中,有两种不同的视角——结构洞和 Simmelian 联系。结构洞关注开放和闭合的网络结构,而 Simmelian 联系关注这种网络结构如何约束或者促进网络系统中的活动。

结构洞理论强调开放结构的优势,开放结构是指两个参与方之间缺乏直接的关系,而是通过第三方产生关系;而 Simmelian 联系视角强调闭合结构的优越性,在这种网络结构中,双方相互之间具有很强的连带关系,同时双方与第三方也有联系。

3.1.1 人力资源外包的强关系与弱关系

当组织采用人力资源外包战略时,人力资源部门求助于外部的公司提供可选择的服务。因此人力资源外包关系至少包含三方:人力资源部门、内部员工以及外部人力资源服务供应商。从网络视角看,三方借助于彼此之间的连接构成了一个三角网络关系见图 3.1。各方之间连接的强度由关系的特点或者互动的频率来代表,诸如时间的长短、情感强度、亲密性(互信)以及各方之间的互惠服务。

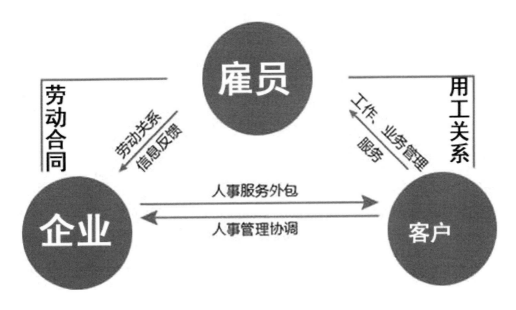

图 3.1 关系网络

由于在三角网络中的各方是通过很强的或很弱的连接联系起来的，因此三方间相互连接的强度是存在差异的。尽管最初考虑的是个体之间连接的强度，但这也可以应用到组织和个体与组织之间。然而，值得注意的是，由于组织间关系主要在宏观层次探讨，这种连接的强度通常表现为组织之间互动的频次，而不用考虑个人情感或者亲密度。

在人力资源外包的情况下，为了实现外包人力资源功能，由外包人力资源服务供应商提供的内部员工，以及由于员工与组织之间的雇佣关系，人力资源部门负责和解释以保证获得合适的外包任务。然而，在雇佣关系中，内部员工与人力资源部门间关系的强度可以是强或弱的。

在常见情况下，由于内部员工在组织中工作，他们的工作性质使他们自己与组织之间产生了很强的连接，尤其是作为人力资源部门负责为内部员工提供服务。例如，在人力资源部门招聘了新的内部员工后，这些新来的员工可能参加一个由培训服务企业提供的适应培训，如果该社会化项目是外包给外部的人力资源服务供应商。

一方面，这些内部员工往往在其工作的组织中度过大部分时间，因此可以形成很强的组织认同，包括人力资源部门和社会化期间。在此情形下，由于他们的雇佣关系，新来的员工应该与人力资源部门有很强的连接。

另一方面，当人力资源部门与内部员工间的关系在外包过程中发生了变化时，这种连接也可能会变弱。一些学者也注意到，人力资源外包对内部员工的负面影响，例如离职、旷工、降低的承诺。由于这种连接是通过双方的共同努力建立的，因此这些负面影响可能会改变内部员工与人力资源部门的关系。

例如，福利管理的外包可能与强调人是公司最重要的资产的战略是不一致的，导致员工感到不被重视，并且产生与降低承诺相关的消极后果。这也可以减少对人力资源部门的信任，弱化人力资源部门与内部员工之间连接的强度。在外包执行一段时间之后，这种情况可能会进一步发展。

不像内部员工与人力资源部门之间的关系，人力资源部门与外部人力资源服务供应商间的连接应该在外包期间更强。人力资源部门需要与外部人力资源服务供应商进行沟通，特别是在外包项目工作的经理，以确保外包质量。

由于人力资源服务供应商为客户服务，他们有义务经常与人力资源部门保持互动，例如报告培训结果、讨论奖励标准或者提高法律承诺。因此，人力资源部门与外部人力资源服务供应商之间的互动表明这种关系是一种强连接。

然而，强连接也没必要存在于内部员工与外部人力资源服务供应商之间。尽管人力资源服务供应商，尤其是外包项目的经理，为了实现人力资源功能，应该与内部员工间存在联系，这种联系可以是弱的也可以是强的连接，这取决于人力资源部门采用的战略。

在多数情况下，由于内部员工与人力资源服务供应商之间没有雇佣关系，他们彼此之间就没有必要有这种职责。特别是，人力资源服务供应商可能也不会主动解决外包项目中的问题，假如这种责任没有写进他们的合约中。因此，就此而言，他们可能没有很强的关系。

例如，人力资源服务供应商可能局限于遵循客户(人力资源部门)提供的指引做薪酬职能的工资支出名单部分，结果是很少或不用与内部员工发生接触。然而，如果人力资源部门允许或鼓励他们之间更多的互动，人力资源服务供应商与内部员工之间的连接也可能变得很强。

又如，就外包工资支出名单而言，人力资源部门可以授权人力资源服务供应商与内部员工进行沟通并做出薪酬计划的决策。当人力资源服务供应商与内部员工对其关系都投入更多的努力时，在此情况下，他们之间可以建立强的连接。

3.1.2 人力资源外包网络的异质结构

当建立一个人力资源外包网络时，人力资源部门与由外包人力资源服务的内部员工和外部的人力资源服务供应商之间存在一种双边关系，在这种三方关系中，人力资源部门发挥了中间人的作用。

因此，人力资源部门有主要责任来塑造这种网络并平衡其收益与成本。由于在这种网络中，各方的关系在其连接的强度方面可以存在差异，因此在人力资源外包关系上可以存在两种可能的网络结构。

对于人力资源部门，人力资源外包网络可以建构为开放式的三角结构，也可以建构为闭合式的三角结构，这取决于人力资源服务供应商与服务于外包人力资源功能的内部员工之间连接关系的强度。

在开放的三角网络中，中间人与其他两方保持强的连接关系，但其他双方之间没有直接的关系，因此就形成了两对关系。在开放的三角网络中，此时服务于人力资源外包项目的内部员工与人力资源服务供应商之间存在比较远的联系或者弱的连接。于是在这种人力资源外包网络中存在一个结构洞。

例如内部员工和培训服务供应商需要相互独立地向人力资源资源部门经理报告，而内部员工与人力资源服务供应商相互之间不能沟通应该外包的培训项目；基于这种情况，在这一培训过程中，人力资源部门经理需要进行一些协调。

相反，在闭合的网络中，当两个参与方彼此之间有一个很强的相互的连接，而且都相互与至少一个共同的第三方连接在一起。在这种网络中，内部员工与人力资源服务供应商通过一个很强的连接直接联系起来。

这种人力资源外包网络因此被称为 Simmelian(齐美尔)连接(注：此命名所引用的 Simmel 为人名(音译为齐美尔)，是德国哲学家、社会学家)，其揭示了这种网络中的闭合关系。在此情形下，人力资源部门经理可以允许员工与培训供应商探讨外包培训项目的内容。此时，培训供应商需要向人力资源直线经理报告最后的决定。

在现实中，人力资源实践的复杂性有可能导致更加复杂的人力资源外包网络。由于考虑到专业性的问题，人力资源功能有可能被外包给不同的人力资源服务供应商。因此，同一个内部员工可能同时涉及不同的人力资源服务外包项目，并因此与多个人力资源供应商产生联系。

例如，在人力资源部门将绩效评价和薪酬外包给两个不同的供应商后，一个供应商评价员工的绩效，而其他供应商则评价员工的薪酬。而且，内部员工与人力资源服务供应商之间的关系的强度及其与不同的人力资源服务供应商之间关系要么强或者弱，并且因此在人力资源外包网络中要么存在结构洞或者要么存在 Simmelian 连接。

由于结构洞和 Simmelian 连接是两种不同甚至相反的网络结构，因此他们将对网络中的参与方的行为产生不同的影响。基于此，本书将重点讨论这两种网络结构对人力资源外包风险管理的不同影响。

3.2 哪些企业更适合选择人力资源外包

企业使用人力资源外包可以帮助企业减少招聘成本和事务性工作的复杂度，还能提高效率，但是并非所有企业都适合人力资源外包，那么一般什么企业会使用人力资源外包呢？具体见图 3.2。

图 3.2　什么样的企业适合人力资源外包

3.2.1　处在非常时期的企业

如果一些企业开始面临资金紧张的特殊时期，这个时候如果企业为了平稳运行，导致缩减预算，盲目招进来的员工从资历、技术等方面不能达到企业的要求。这个时候，选择人力资源外包，能帮助企业渡过难关，解决燃眉之急。

3.2.2　员工人数不多的中小型企业

对于一些人数不多，没有组建完善的人事部门的中小型企业来说，很多员工都是身兼数职，如果一个企业不是专业的人员来做人力资源服务，水平肯定较低，维护效果较差。此时，将人力资源外包给更专业的公司，只增加很少的人工开销，却能得到更高质量、更系统的专业化服务，员工工作氛围也更加和谐，是非常适合人力资源外包的。

3.2.3　人员流动较快的企业

在一些中小型公司，如果在人员管理上出现问题时，人员跳槽现象就会频繁发生，HR(人事部门)往往在同一个职位上陷入招人—培训—交接—招人的无限循环中，工作效率极低，管理成本却不断增加。这时就可以通过人力资源外包获得一个稳定的团队，减少不必要的反复招聘和管理投入。

3.2.4　用工招聘难度大的企业

企业招聘难，并且没有专业的人员来负责员工招聘的事情，自己没法招聘到人才的，这类企业就可以人力资源外包的方式来完成这项工作。

企业的用工方面有很多，人力资源外包也并非所有企业都适合使用，各家企业可以根据自身情况来决定是否与人力资源外包公司合作。

经过长时间的市场发展，越来越多的企业认同了人力资源外包的优势，也通过人力资源外包来进行企业的机构变革以及强化企业的核心竞争力。

而人力资源外包机构自身通过信息化建设等方式，可以不断谋求发展，提高自身外包服务的专业化程度。而且，不少的人力资源外包机构以市场需求作为企业发展的导向，对人才的招聘、派遣、培训等进行整合，实现了一体化专业经营，帮助用工企业进行长期可持续的发展。

3.3　人力资源外包的三大阶段

根据理论，人力资源外包风险与网络结构有关。当组织采用人力资源外包战略时，人力资源外包关系至少包含三方：人力资源部门、员工，以及外部人力资源服务供应商。

因此，外包社会网络既可能存在闭合结构、也可能存在开放结构，这为分析人力资源外包风险带来了困难。但是，人力资源外包管理的阶段研究为我们打开了思路，人力资源外包的不同阶段，存在不同的社会网络结构，就有可能存在权变的风险分析结构。

根据我们提出的三阶段，分析出该权变的风险如下所述。

3.3.1 决策阶段的结构洞风险

在决策阶段，人力资源外包网络以开放结构为主。通过创造人力资源外包网络中的结构洞，人力资源部门处于中间人的位置，他们凭借弱关系服务于人力资源服务供应商与员工，因而可以减少他们之间的一些不必要的接触。

在此情况下，来自人力资源服务供应商和占据开放的三角人力资源外包网络两个终端的员工的信息可以及时地流向人力资源部门，其有助于利用这些信息评估人力资源外包可行性。

当企业人力资源部门持续获得更多更新更广泛的人力资源建议和策略时，可以有效地更新其人力资源信息和知识，以及及时获得来自外包群体中员工的反馈，从而使决策更准确和优化，否则，信息不对称将使人力资源部门很难避免决策风险。但是如果人力资源外包中间人有意控制信息，则将会产生较大风险。

3.3.2 选择阶段的信息与控制风险

在选择阶段，人力资源部门已经确定了外包战略，也获取了外部服务商及员工的相关信息，此时，外包虽未正式建立，但一些非正式的接触也已经开始。因此，此时网络结构既存在开放结构，也存在闭合结构。从风险角度看，选择阶段既存在弱关系相关风险，又存在强关系相关风险。

一方面，这一阶段外包网络具有结构洞特征。在人力资源外包网络中，人资源部门处于中间人的位置，他们凭借弱关系联系人力资源服务商与员工，开放结构可以减少他们对企业外包选择的干涉风险。这包括，人力资源部门可以自由地选择人力资源供应商而不会遇到来自他们的联合抵制。结构洞中中间人的位置，能有效地减少来自人力资源服务商和员工的谈判阻力，降低人力资源部门选择阶段的风险。与上面同理，如果中间人有意操控，还是存在较大的选择风险。

另一方面，这个阶段网络也可能具有 Simmelian 连接的特征。因为备选服务商和员工已经经过一段时间的了解，理论上闭合结构有可能形成。此时需要双方进行高质量的合作，在互信的基础上达到双向选择的目的。

从社会网络视角看，因为高度相互连接的参与方必须依赖相互调整以达成他们的任务，这可以预期那样的群体会展现出高质量的非正式的社会过程，在这社会过程中将伴随强规范支持的高水平的合作和努力以达成共同的目标。

于是，具有信任关系的网络的这种联系能够使各方促进并受益于合作。因此，人力资源外包网络的 Simmelian 连接更有可能提升双向选择效率。但是，如果参与方滥用所产生之信任，则将存在较大的选择风险。

3.3.3　执行阶段的控制风险

在人力资源外包的执行阶段，因为三方的闭合结构已经形成，这一阶段，Simmelian 连接是网络的主要特征。由于外包改变了雇佣关系，有可能激发员工的消极心理，诸如低承诺、无纪律或提前退休。Simmelian 连接所带来的信任能有效弱化员工的误解或不信任。但是，如果参与各方滥用这种信任，则会产生各种风险，这包括员工对人力资源外包商提供奖励公平性、合法性的质疑，而 Simmelian 连接所产生的信任将促使人力资源外包各方凭借良好的沟通合作，有效消除各种执行风险。

利用图 3.3，我们将上面的论述，可以表述在一个简单的概念模型中。

对于大部分中小企业而言，人力资源管理并非企业的强项，人事制度的制定也不成系统，员工无法享受到完善的福利制度以及自我提升的机会，更不存在与企业发展战略相适应的人力资源计划。

因此，企业在人才招聘、员工满意度以及人员流动性方面都表现得无能为力，对于企业的发展壮大极为不利。实现人力资源管理的科学化，以及专业能力和管理效能的不断提升是许多企业亟待解决的问题。

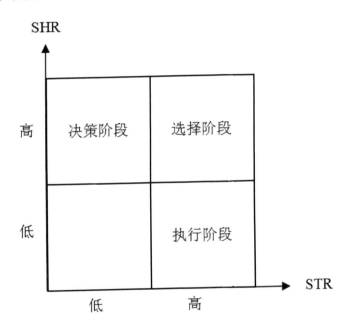

图 3.3　不同人力资源外包阶段的关系风险结构模型

注：SHR 表示结构洞风险，STR 表示 Simmelian 连接风险。

第 4 章

人力资源外包三大段位：
不同阶段企业如何开展工作

任何经营管理都是与风险和利益共存的，在这个劳务派遣过度、企业事务外包泛滥的时代，企业使用人事外包来减少企业的烦琐工作，增加盈利率已经成为企业事务性部门的主要工作。人力资源外包行业是一块巨大的蛋糕，利润大，风险也不小，下面来看一看看他们各自的特点，分析一下采用外包会有哪些利弊。

4.1 第一段位——决策阶段的风险分析

决策阶段，主要是指人力资源需求企业对是否进行外包进行决策的过程。在前文的论述中也有提到，由需求企业、员工、人力资源供应商三者及其细分层次组成的社会网络中，在此阶段主要发挥作用的关系在于需求方企业的高层、HR 部门、用工部门以及人力资源供应商的高层、HR 部门之间形成的相互作用网，如图 4.1 所示。

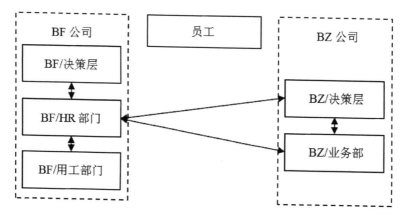

图 4.1 人力资源外包决策阶段社会网络关系图

本节将围绕其中形成的关系网络，结合案例论述 BF 公司在进行人力资源外包决策阶段可能产生的风险。如图 4.2 所示。

图 4.2 决策阶段的风险

4.1.1 决策风险

企业在做出人力资源管理外包决定时由于决策者自身的知识、能力等不同方面存在的局限性，导致制定的人力资源管理战略规划可能不够合理，进而产生了不合适的人力资源外包决策风险。故本节认为，决策风险主要存在于需求方企业高层以及人力资源供应商企业高层之间。

结合案例，随着 BF 公司的发展，人力资源的工作所呈现的复杂性的提高，使其消耗的成本日益增多，呈现阻碍企业继续成长的趋势，因此，BF 公司选择对人力资源进行外包，是正确的决定，并不存在决策风险。

4.1.2 逆向选择风险

逆向选择是委托代理理论中的一个重要的概念。它是指在签订契约之前，代理人就已经掌握了一些委托人所不知道的信息，而这些信息可能是对委托人不利的，代理人因此而与委托人签订了对自己有利而对委托人不利的契约，这是契约签订阶段的一种机会主义行为。

逆向选择风险存在于需方高层与供方高层、需方 HR 与供方 HR、需方用工与供方 HR 之间。结合案例，在 BF 企业的人力资源外包决策过程中，可能存在已经被 ZH 集团获悉而自身却并不知情的情况，在这种情况下，逆向选择风险明显存在。逆向选择问题在外包企业选择外包服务商的过程中非常普遍。

外包服务商即 ZH 集团比 BF 企业更了解自身的资信和业务能力等，而 BF 企业只能花费时间和成本通过间接的渠道获得，在这种对比性的情况下，外包服务商处于信息获取的优势地位，同时外包服务商为了得到更多的业务，也会向企业提供不充分或不真实的信息。

结合案例，BF 企业仍需要考虑在向 ZH 集团获取人力资源外包服务选择时的逆向选择问题。

4.1.3　企业环境风险

企业环境也将对人力资源外包模式的引入产生较大影响，良好的企业内部环境对于人力资源外包模式的引入与正常运作都将起到有效的支持作用，反之则将产生多种外包风险。

企业环境风险主要存在于需求企业高层与供方高层之间。结合案例，BF 企业目前的发展情况急需进行人力资源外包以降低成本，提高效率，然而真正引入外包人力资源后，可能会产生的发展不兼容等情况，依然不能直接排除。

人力资源管理理论和方法发展较快。随着新技术和新方法的产生，实施外包后可能还会有更适合企业的人力资源管理方法产生，但由于合同的规定，外包服务商还可以继续采用较为落后的方法对外包活动进行管理，而且没有外包服务商的同意，企业也不能轻易改变外包方式和方法，这就会影响到管理的灵活性，影响到整个人力资源管理工作的效果。

结合案例，BF 企业仍需要考虑在向 ZH 集团获取人力资源外包服务选择时的企业环境问题。

4.1.4　政策法律风险

政策法律的风险来源于与人力资源外包相关的法律法规还不健全。因为对外包服务商的监管和约束不能单纯依靠企业，还应该从宏观角度运用法律和法规进行约束。政策法律的风险，同样存在于需求企业高层与供方高层之间。

结合案例，在 BF 企业外包人力资源的过程中，是否与现行政策法规发生冲突，或者是否存在政策法规漏洞等情况，仍有待确认。但就目前来讲，法律和法规没有对外包服务商的运作做出明确的规定，只能按照一般企业的规定去执行。

如果企业发现外包服务商违规，双方不能协调解决就会采取法律手段，而相关法律法规对外包发生的冲突还没有充分的解释，这也会让双方陷入僵局。结合案例，BF 企业仍需要考虑在向 ZH 集团获取人力资源外包服务选择时的政策法律问题。

4.1.5 内部员工风险

人力资源外包，就相当于把人力资源的内部活动暴露在外部环境中，同时也是对原有人力资源利益模式的一种重新分配，一定程度上冲击了传统的人力资源管理模式。内部员工风险主要存在于需方 HR 与供方 HR、需方员工与供方 HR 之间。

结合案例，BF 企业的员工面临人力资源外包，产生的冲击会对员工产生直接影响。外包的直接结果就是人员调整、岗位变动。直接影响到员工的切身利益，员工有可能面临被辞退、培训机会减少、轮换岗位等问题，这必然引起企业员工的不安，从而容易产生抵触情绪，不利于企业外包活动的顺利进行。

当企业决定采用人力资源外包时，意味着原本由内部员工承担的工作现由外部人员处理，企业员工可能就会失去工作，难免会有一些抵触情绪。企业员工对工作的发展方向不确定，这样的心态势必会影响工作，工作的积极性下降，甚至不配合外包的工作人员，势必影响外包工作继续展开，存在员工自身风险。

结合案例，BF 企业仍需要考虑在向 ZH 集团获取人力资源外包服务选择时的内部员工问题。

4.2 第二段位——选择阶段的风险分析

选择阶段产生的风险如图 4.3 所示。

图 4.3 选择阶段的风险

4.2.1 需求企业合同风险

合同是在企业选定适合的人力资源外包商后必须与其签订的书面协议。一份良好的合约，应该以清楚、正确和普通的语言确定外包商的工作范围，清楚地描述合约保障范围内各方的角色、责任和义务等。

但是在现实中因为许多因素的作用，双方不可能完全预测到未来合同执行时可能出现的所有情况及其解决办法。需求企业合同风险存在于需方高层与供方高层、需方 HR 与供方 HR 之间。

结合案例，BF 企业与 ZH 集团签订人力资源外包合同时，对 BF 企业来说可能会产生需求企业合同风险。另外，人力资源外包工作不同于产品外包，产品外包只要提供产品的量化标准，考核程序也相对明确。而人力资源外包工作属于企业战略层面上的工作，而这些工作具有一定的抽象性，有许多不能量化的因素。

因此人力资源外包的合同不仅要具有规范性还要具有灵活性。但同时企业与外包服务商签约时不可能考虑到所有具体情况，规范性和灵活性之间的平衡点就难以确定，因而合同风险极易产生。因此，对于 BF 企业来说，选择外包服务商时，合同风险的存在会导致未来的人力资源外包工作产生一定风险。

4.2.2 信息不对称风险

人力资源管理外包需要外包服务商到企业中进行仔细认真的调查，获悉与工作相关的情况，但是，存在企业出于自身的商业利益考虑，对外包服务商的调研并不配合，或者是进行一定的隐瞒，同时外包服务商为达到节约运营成本的目的，可能只是大致地了解企业的情况，甚至是"头疼医头，脚疼医脚"，在提供服务的过程中遇到了问题才会去想办法解决，事先没有制定应对突发事件的预案。

信息不对称风险主要存在于需方高层与供方高层、需方 HR 与供方 HR、需方员工与供方 HR、需方 HR 与员工、用工部门与员工之间。结合案例，BF 企业与 ZH 集团合作合作前期，ZH 集团对 BF 企业进行考察时，并不一定能够完整获取完成对 BF 企业进行人力资源外包服务以及应对其可能发生情况的所有信息，因而对外包商来说，信息不对称风险，存在于人力资源外包服务的进行过程中。

4.2.3 合谋风险

合谋风险实际上是指一种以员工作为中介因素产生的信息风险。其表现可分为：需求企业 HR 或用工部门与员工合谋，导致供方企业对人力资源服务的信息获取不足，使其低估需求企业的获益，从而使收取价格偏低，获利减少；供方 HR 与员工合谋，导致需求企业并不了解员工真实情况，提高了需求方的成本，对其利益造成损害。

因此，合谋风险主要存在于需方 HR 与员工、用工部门与员工、供方 HR 与员工之间。结合案例，员工与 BF 企业或 ZH 集团任意一方合谋，都可能导致另外一方产生不必要的损失。故合谋风险，存在于人力资源外包服务的进行过程中的选择阶段。

4.2.4 供应商合同风险

供应商合同风险的产生主要是由于供应商缺乏对合同条款的深思熟虑，从而导致供应商在履行合同约定时无法达到条款要求，或者因出现不可抗力导致约定无法达成时无法得到相关条款的保护，从而产生相应的经济损失。供应商合同风险主要存在于需求高层与供方高层、需方 HR 与供方 HR 之间。

结合案例，ZH 集团在对 BF 企业进行人力资源外包服务时，签订的合同也可能存在这样的风险，即使 ZH 集团在人力资源外包的领域有着卓越的成绩，但在实际运行时，仍有可能面临供应商合同风险。

4.3 第三段位——执行阶段的风险分析

在人力资源外包的执行阶段，遇到风险的可能性比其他两个阶段要多，如图 4.4 所示。

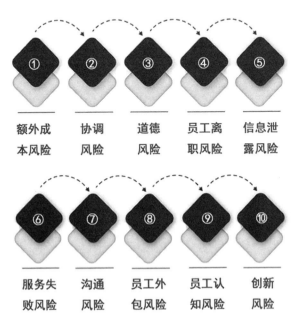

图 4.4　执行阶段的风险

4.3.1　额外成本风险

在人力资源外包执行阶段，外包模式的实施可能会造成企业成本的提升，这种成本提升很可能会违背企业进行人力资源外包的成本战略意图，对于企业管理绩效和战略目标的实现都将产生一定风险。额外成本风险主要存在于需方 HR 与供方 HR、用工与供方 HR、需方 HR 与员工、用工部门与员工之间。

结合案例，BF 企业进行人力资源外包，其初衷在于降低自身人力资源成本，提高效率，然而，在将人力资源外包给 ZH 集团过程中，可能会存在对外包模式的支持消耗，如为配合外包人力资源模式，企业内部其他部门所做出改变而增加的成本。因此，在 BF 公司进行人力资源外包过程中，额外成本风险依然存在。

4.3.2　协调风险

企业是由人组成的，人力资源管理的各项工作之间都有一定的联系，甚至对各部门的工作起到基础性的支撑作用。

如果企业选择将一部分工作外包，那么人力资源管理职能与其他管理职能(如生产管理、财务管理和营销管理)等的整体性和关联性就会减弱，同时这部分工作与企业自己进行的其他人力资源管理工作的整体性也会受到影响。因此可能会增加协调和沟通成本。如果因为外包而使整个价值链被分割，会引发企业内部甚至企业外部价值链的矛盾和不协调，造成较高的交易成本和协调风险。

协调风险主要存在于需方 HR 与供方 HR、员工与供方 HR、需方 HR 与员工、用工部门与员工之间。BF 企业进行人力资源外包，协调其他部门也必然要付出一定的协调成本。因此，管理风险存在于企业人力资源外包服务的过程当中，当 ZH 集团对 BF 企业进行人力资源外包服务时，BF 企业不能忽视其中的协调风险。

4.3.3 道德风险

企业和外包服务商从契约角度看，其实质是一种委托代理关系，在这种契约下，企业授权外包服务商从事某项具体的活动，并相应授予外包服务商一定的决策权，外包服务商通过代理行为获取一定的报酬。

道德风险主要存在于需方 HR 与供方 HR、员工与供方 HR、需方 HR 与员工、用工部门与员工之间。在价值网络中企业与外包服务商都是比较独立和理性的经济实体，为了最大限度地实现自身利益最大化，他们会在价值网络中互相合作，但是外包服务商为了争取更多的权力和利益，会通过不道德行为和机会主义来节省成本或者通过其他方式获取更多的报酬，从而引发风险。

如 ZH 集团可能会为了争取利益，通过不道德行为和机会主义损害 BF 企业的利益。因此，BF 企业也要对人力资源外包过程中的道德风险提高警惕。

4.3.4 员工离职风险

员工离职风险，主要是指员工在需求企业进行人力资源外包后，无法适应其新发展模式而离职，导致企业利益受损的行为。与上文的内部员工风险略有不同，员工离职风险主要出现在人力资源外包运行阶段，员工在经历过人力资源外包带来的变化后做出离职决定。

其原因可能是原有利益格局改变，职业前景变化等。员工离职风险主要存在于需方 HR 与员工、用工部门与员工之间。结合案例，BF 企业的员工在经历其人力资源外包过程后，存在离职的风险，故 BF 企业的员工离职风险仍然存在。

4.3.5 信息泄露风险

人力资源管理已经成为企业核心运营模块之一，它能够为企业创造持续性的竞争优势，在企业人力资源管理工作中，特别是薪酬管理和绩效管理，它们都是属于企业针对自身情况而建立的一套独立的系统，是存在于企业自身的机密的商业信息。

信息泄露风险主要存在于需方 HR 与供方 HR、员工与供方 HR、需方 HR 与员工、用工部门与员工之间。当企业采取人力资源外包之后，难免会和外包服务商进行接触并分享信息，而企业的竞争对手时刻会通过各种渠道关注着企业的动向，并去挖掘企业的商业信息及采取行动，无形之中就会造成企业的一些战略方向和行动被竞争对手所掌握，从而引发风险。

结合案例，BF 企业的信息有可能经由 ZH 集团的人力资源外包服务过程泄露。因此，BF 企业存在被 ZH 集团服务的过程中，获得并泄露人力资源方面信息的风险。

4.3.6 服务失败风险

服务失败风险，是指外包服务供应商自身进行人力资源外包服务的能力存在一定缺陷，无法在实际工作中履行好整个人力资源外包服务的风险(左锐，2006)。服务失败风险主要存在于需方 HR 与供方 HR、员工与供方 HR 之间。

结合案例，实际工作中，ZH 集团在人力资源外包服务方面虽具有雄厚的实力以及杰出的业绩，但是每一个企业的情况都有所不同，在不同的环境下的不同企业，进行人力资源外包会产生不同的需求，从而影响外包服务的成功与否。

所以，即使 ZH 集团有着辉煌的过去，也不能完全避免服务失败的风险。因此，在进行人力资源外包服务的过程中，服务失败风险仍然是 ZH 集团所要注意的风险。

4.3.7 跨文化沟通风险

每个企业都有自己独特的企业文化，企业文化是其所有员工共同遵循的行为准则,是保证其成员行为能够确定地指向组织目标的某种思想体系。企业与外包服务商之间为了达到价值网络中共同利益最大化会进行沟通与协调,然而,价值网络中存在两种或两种以上不同的组织文化,对于任何一个成员来说,双方的价值观及其行动习惯都是有差异的,因此企业与外包服务商之间文化和知识的交流与共享是一个比较复杂的问题。

企业间知识的转移交流与共享效果不仅取决于知识的特性,还涉及双方的意愿、学习能力、企业内部交流机制和组织体制等诸多的文化软因素。跨文化沟通风险主要存在于需方HR与供方HR、员工与供方HR、需方HR与员工、用工部门与员工之间。因此,如果企业与外包服务商之间文化差异较大则会引发跨文化沟通风险。结合案例,ZH集团对BF企业进行人力资源外包服务的过程中,难免会出现跨文化的沟通问题。因此,跨文化沟通风险依旧值得重视。

4.3.8 员工外包风险

实施人力资源外包后,企业可能会无法控制对人力资源管理的日常活动,不利于企业与员工间的沟通和互动。其新员工来自人力资源供应商,与该供应商存在一定的利益瓜葛,从而也容易导致倾向于为获取供应商利益而进行的机会主义行为,存在员工外包风险。

员工外包风险主要存在于需方HR与供方HR、员工与供方HR、需方HR与员工、用工部门与员工之间。结合案例,人力资源外包,ZH集团提供的员工与其存在不可分割的关系,这种关系也可能会导致员工做出损害BF企业的行为。因此对BF企业来说,员工外包风险不可忽视。

4.3.9 员工认知风险

企业在引入人力资源管理外包的过程中,如果员工对外包模式的认知存在问题，将可能导致人力资源外包的成效无法达到预定目标，员工的支持可以大大提升人力资源外包的成效，而员工的抵制则将对人力资源外包的正常运作产生阻力，降低企业的人力资源外包收益。员工认知风险主要存在于需方 HR 与员工、用工部门与员工、供方 HR 与员工之间。

结合案例，BF 企业的员工如果在对 ZH 集团进行人力资源外包服务的认知上存在问题，很可能会导致认知风险的产生。因此，BF 企业进行人力资源外包，员工认知风险不可忽视。

4.3.10　创新风险

创新风险是指人力资源外包供应商服务守旧，不能保持足够的创新水平(在产品、服务或组织能力)来支持需求企业的人力资源发展要求。

随着市场环境的变化，时间的推移，人力资源的具体模式也在发展，人力资源供应商如果保守地坚持单一僵化的人力资源模式，会阻碍需求企业的发展，从而产生创新风险。创新风险主要存在于需方 HR 与供方 HR、员工与供方 HR、需方 HR 与员工、用工部门与员工之间。

结合案例，ZH 集团如果坚持沿用单一的一套人力资源模式，在不适应 BF 企业实际情况的同时也与发展的要求相悖，就会导致 BF 企业的创新风险。

4.4　案例实操：ZH 集团与 BF 企业如何分段位开展人力资源外包

本节将采用层次分析法对上述案例的命题集合进行半定量验证。本节应用这种方法，通过对了解 ZH 集团与 BF 企业(以下多简写为 ZH-BF)之间的人力资源外包案例的人力资源外包专家群体的调查，利用层次分析法，找出人力资源外包实施的不同阶段和各种社会关系有关的所有风险的重要性权重，从而找到该阶段对人力资源外包最为重要的风险集合，为验证上述假设和案例命题提供经验证据。具体的研究设计如下所述。

4.4.1 基于层次分析法的风险评价方法

1. 层次分析法的方法思想

层次分析法(Analytic Hierarchy Process，AHP)是将与决策总是有关的元素分解成目标、准则、方案等层次，在此基础之上进行定性和定量分析的方法。该方法是美国运筹学家匹茨堡大学教授萨蒂于20世纪70年代初，在为美国国防部研究"根据各个工业部门对国家福利的贡献大小而进行电力分配"课题时，应用网络系统理论和多目标综合评价方法，提出的一种层次权重决策分析方法。

所谓层次分析法，是指将一个复杂的多目标决策问题作为一个系统，将目标分解为多个目标或准则，进而分解为多指标(或准则、约束)的若干层次，通过定性指标模糊量化方法算出层次单排序(权数)和总排序，以作为目标(多指标)、多方案优化决策的系统方法。

层次分析法是将决策问题按总目标、各层子目标、评价准则直至具体的备投方案的顺序分解为不同的层次结构，然后用求解判断矩阵特征向量的办法，求得每一层次的各元素对上一层次某元素的优先权重，最后再加权求和的方法递阶归并各备择方案对总目标的最终权重，此最终权重最大者即为最优方案。

这里所谓"优先权重"是一种相对的量度，它表明各备择方案在某一特点的评价准则或子目标，标出优越程度的相对量度，以及各子目标对上一层目标而言重要程度的相对量度。层次分析法比较适合于具有分层交错评价指标的目标系统，而且目标值又难于定量描述的决策问题。其用法是构造判断矩阵，求出其最大特征值及其所对应的特征向量 W，归一化后，即为某一层次指标对于上一层次某相关指标的相对重要性权值。

2. 层次分析法的具体步骤

1) 建立层次结构模型

在深入分析实际问题的基础上，将有关的各个因素按照不同属性自上而下地分解成若干层次，同一层的诸因素从属于上一层的因素或对上层因素有影响，同时又支配下一层的因素或受到下层因素的作用。

最上层为目标层，通常只有 1 个因素，最下层通常为方案或对象层，中间可以有一个或几个层次，通常为准则或指标层。当准则过多时(比如多于 9 个)应进一步分解出子准则层。

2) 构造成对比较判断矩阵

从层次结构模型的第 2 层开始，对于从属于(或影响)上一层每个因素的同一层诸因素，用成对比较法和1~9比较尺度构造成对比较矩阵，直到最下层。

(1) 分析系统中各因素间的关系，对同一层次各元素关于上一层次中某一准则的重要性进行两两比较，构造两两比较的判断矩阵。

(2) 由判断矩阵计算被比较元素对于该准则的相对权重，并进行判断矩阵的一致性检验。

层次分析法的一个重要特点就是用两两重要性程度之比的形式表示出两个方案的相应重要性程度等级。如对某一准则，对其下的各方案进行两两对比，并按其重要性程度评定等级。记为第几和第几因素的重要性之比，表 4.1 列出了 Saaty 给出的 9 个重要性等级及其赋值。按两两比较结果构成的矩阵称作判断矩阵。

3) 计算权向量并做一致性检验

对于每一个成对比较阵计算最大特征根及对应特征向量，利用一致性指标、随机一致性指标和一致性比率做一致性检验。若检验通过，特征向量(归一化后)即为权向量；若不通过，需重新构造成对比较判断矩阵。为了从判断矩阵中提炼出有用信息，获得对事物的规律性的认识，为决策提供出科学依据，就需要计算判断矩阵的权重向量。

表 4.1　比例标度表

因素 1/因素 2	量化值
同等重要	1
稍微重要	3
较强重要	5
强烈重要	7
极端重要	9
两相邻判断的中间值	2，4，6，8

定理　一致性矩阵 A 具有下列简单性质。

- 性质 1：判断矩阵存在唯一的非零特征值，其对应的特征向量归一化叫作权重向量，而且权重向量还有以下几种。
- 性质 2：判断矩阵的列向量之和经规范化后的向量，就是权重向量。
- 性质 3：判断矩阵的任一列向量经规范化后的向量，就是权重向量。
- 性质 4：对判断矩阵的全部列向量求每一分量的几何平均，再规范化后的向量，就是权重向量。

因此，对于构造出的判断矩阵，就可以求出最大特征值所对应的特征向量，然后归一化后作为权值。根据上述定理中的性质 2 和性质 4 即可得到判断矩阵满足一致性的条件下求取权值的方法，分别称为和法和根法。而当判断矩阵不满足一致性时，用和法和根法计算权重向量则很不精确。

当判断矩阵的阶数时，通常难以构造出满足一致性的矩阵来。但判断矩阵偏离一致性条件又应有一个度，为此，必须对判断矩阵是否可接受进行鉴别，这就是一致性检验的内涵。为此，首先应构造一致性指标 CI，CI 越小，说明一致性越大。

考虑到一致性的偏离可能是由于随机原因造成的，因此在检验判断矩阵是否具有满意的一致性时，还需将 CI 和平均随机一致性指标 RI 进行比较，得出检验系数 CR，如果 CR<0.1，则认为该判断矩阵通过一致性检验，否则就不具有满意一致性。其中，随机一致性指标 RI 和判断矩阵的阶数有关，一般情况下，矩阵阶数越大，则出现一致性随机偏离的可能性也越大，其对应关系见表4.2。

表4.2 平均随机一致性指标 RI 标准值（标准不同 RI 有微小差异）

矩阵阶数	RI
1	0
2	0
3	0.58
4	0.9
5	1.12
6	1.24
7	1.32
8	1.41
9	1.45
10	1.49

4) 计算组合权向量并做组合一致性检验

计算最下层对目标的组合权向量，并根据公式做组合一致性检验，若检验通过，则可按照组合权向量表示的结果进行决策，否则需要重新考虑模型或重新构造那些一致性比率较大的成对比较阵。

4.4.2 ZH 集团与 BF 公司人力资源外包风险评价的具体实施

本节结合了层次分析法和风险矩阵研究 ZH 集团与 BF(苏州)公司人力资源管理外包活动中的风险问题，并且借助 AHP 分析法软件计算和分析模型，降低了模型计算的复杂度。

1. 筛选专家被试

对于引入人力资源外包模式的企业而言，风险的控制需要做到系统化与专业化,首先,需要成立专门的风险管理小组,以现有人力资源管理团队为主要力量进行人力资源外包模式引入的风险评估与风险管理。风险小组的规模一般应控制在10人左右,也可以根据企业的实际情况进行合理配置。

通常而言,风险管理小组应包括一部分现有人力资源管理团队的人员以及部分企业高管。此外,风险管理小组的人数最好遵循单数原则,可以有效降低风险评估的误差水平。此外,对于远程支撑的小组成员,应当通过电子邮件等方式来相互沟通,进而完成风险评估从而保证企业风险评估的顺利进行。

其次,专家小组在进行人力资源外包的风险评估时,只需将自己的评估结果提交即可,无须进行意见交流,等到专家小组的所有评估数据处理完毕之后,再进行专家小组内部的评估讨论,从而得到统一结果。对于争议较多的风险因素的评估,可能需要专家小组的多次意见交流才能最终实现意见的统一。

由于客观因素的限制,本文并没有为企业成立专门的风险管理小组提供依据,只是通过向11位企业高管、人力资源管理专员以及人力资源管理专家以问卷调查的方式进行企业人力资源风险的评估,然后将评估结果应用于本文的风险矩阵,并利用分析软件进行风险的分析与评估。

首先,我们通过人力资源管理公司提供的人力资源外包专家名单随机筛选被试专家,满足如下条件:首先,熟悉人力资源外包业务的各个阶段业务知识;其次,曾经有过所有阶段的人力资源外包业务经验和公司人力资源管理经验;最后,具有5年以上人力资源外包工作经验。

2. 组织专家调查

专家调查通过下列步骤展开。

步骤一:首先给专家讲解AHP判断矩阵和判断标度原理;其次本节根据人力资源管理风险小组对BF(苏州)公司现有的人力资源管理外包活动中的资料,编制了案例学习卡,通过这些学习卡让上述专家了解熟悉该案例的所有案例细节。

步骤二：专家背对背进行不同阶段、不同社会网络关系的风险比较，并构造各自的判断比较矩阵，这里共准备了三个阶段的三个调查表，10人共发放调查表30份。该专家调查表见附件。

3. 调查结果的层次分析

人力资源外包风险的评估对象是风险因素，因此需要对企业人力资源外包模式引入过程中的风险因素进行识别，构建完整的人力资源外包风险因素体系。人力资源外包风险因素体系不仅仅要罗列出所有可能造成企业人力资源外包风险的因素，还应当根据风险因素对外包引入过程的影响进行重要性排序。本章主要利用风险矩阵以及层次分析法实现对企业人力资源外包模式引入的风险体系建模以及风险因素的评价分析。

其次，本节依据 ZH 集团与 BF(苏州)公司的人力资源管理外包风险因子对照表详细构建了层次分析法所需要的指标体系。然后 BF(苏州)公司企业人力资源管理风险管理小组也会对不同层次的指标进行综合比较，通过两两之间的对比分析得到了一致性结果，最终的判断矩阵如附录。

本文运用 AHP 分析软件简化运用过程，得到了不同的影响因子各自权重，同时也进行了一致性检验，最终得到了整个模型的计算结果。最后，求得各个方案层相对于总目标层的权重，计算方式是不同方案层的指标权重与其主准则层的目标权重相乘得到。

4.4.3 风险因子具体权重的计算

通过上文的分析可以知道，尽管风险矩阵可以进行风险重要程度的准确计算，但是还存在一定的不足。因此，本章通过将层次分析法引入风险因素的分析，可以使风险因素分析的量化程度更高，也可以实现风险因素的进一步比较，有助于企业识别人力资源外包的整体风险以及各风险因素之间存在的具体差距，从而为企业人力资源外包的风险管理提供扎实依据。

1. 构建层次分析指标模型

对于上文所说的人力资源外包风险因素对照表，可以根据风险的来源将风险因素分为企业风险、外包服务供应商风险、员工风险以及外包环境风险。在构建层次分析模型时，将风险管理的总目标设定为降低人力资源决策、选择和执行阶段的外包风险，主准则层则对应风险因素所依托的社会关系，即：BF 公司领导与 ZH 公司领导间关系；BF/HR 与 ZH/HR 的关系；BF/用工部门与 ZH/HR 之间的关系；BF/HR 与员工的关系；BF/用工部门与员工的关系；ZH/HR 与员工的关系。

而最底层——方案层，是具体风险源，包括企业风险、道德风险、员工风险等在内的多种风险因素。这些风险因素如表 4.3 所示。

在决策阶段，根据我们案例的分析，存在逆向选择风险、企业环境风险、政策法律风险、内部员工风险等。我们在建模时仍然将所有风险纳入(见图 4.5)，希望通过权重验证在决策阶段案例分析指出的上述风险能够获得较高的权重，从而验证我们前面所提出的理论假设和案例命题。

在选择阶段，案例分析结果指出存在需求企业合同风险、信息不对称风险、合谋风险、供应商合同风险。我们在建模时仍然将所有风险纳入(见图 4.6)，希望通过权重验证在选择阶段案例分析指出的上述风险能够获得较高的权重，从而验证我们前面所提出的理论假设和案例命题。

表4.3 各个阶段不同社会关系间的风险表

阶 段	风 险	关系 1	关系 2	关系 3	关系 4	关系 5	关系 6
决策阶段	逆向选择风险	√	√	√			
	企业环境风险	√					
	政策法律风险	√					
	内部员工风险		√	√			

续表

阶 段	风 险	关系1	关系2	关系3	关系4	关系5	关系6
选择阶段	需求企业合同风险	√	√				
	信息不对称风险	√	√	√	√	√	
	合谋风险				√	√	√
	供应商合同风险	√	√				
执行阶段	额外成本风险		√	√		√	
	协调风险						
	道德风险		√	√			
	员工离职风险				√		
	信息泄露风险		√	√	√		
	服务失败风险		√	√			
	跨文化沟通风险			√	√		
	员工外包风险		√	√			
	员工认知风险					√	√
	创新风险		√	√	√	√	

注：关系1是指BF/领导与ZH/领导的关系；关系2是指BF/HR与ZH/HR的关系；关系3是指BF/用工部门与ZH/HR的关系；关系4是指BF/HR与员工的关系；关系5是指BF/用工与员工的关系；关系6是指ZH/HR与员工的关系。

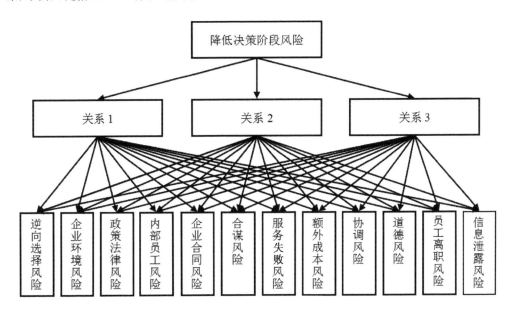

图4.5　人力资源外包决策阶段的层次模型图

在执行阶段，案例分析结果指出存在额外成本风险、协调风险、道德风险、员工离职风险、信息泄露风险、服务失败风险、跨文化沟通风险、员工外包风险、员工认知风险、创新风险等。我们在建模时仍然将所有风险纳入(见图 4.7)，希望通过权重验证在执行阶段案例分析指出的上述风险能够获得较高的权重，从而验证我们前面所提出的理论假设和案例命题。

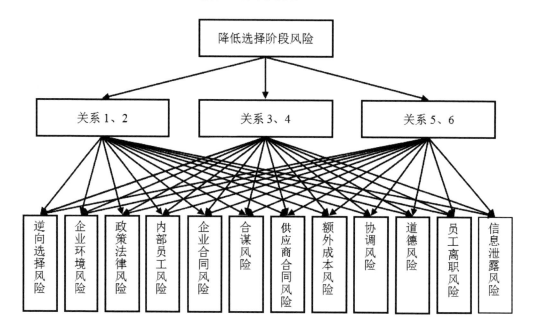

图 4.6 人力资源外包选择阶段的层次模型图

对上述层次模型，需要说明的是：因绘图缘故，准则层关系并未列示完整，完整包括 6 类关系：关系 1 是指 BF 公司领导与 ZH 公司领导之间的关系；关系 2 是指 BF/HR 与 ZH/HR 之间的关系；关系 3 是指 BF/用工部门与 ZH/HR 之间的关系；关系 4 是指 BF/HR 与员工之间的关系；关系 5 是指 BF/用工部门与员工之间的关系；关系 6 是指 ZH/HR 与员工之间的关系。

而风险也包括：逆向选择风险，企业环境风险，政策法律风险，内部员工风险，需求企业合同风险，信息不对称风险，合谋风险，供应商合同风险，额外成本风险，协调风险，道德风险，员工离职风险，信息泄露风险，服务失败风险，跨文化沟通风险，员工外包风险，员工认知风险，创新风险等。

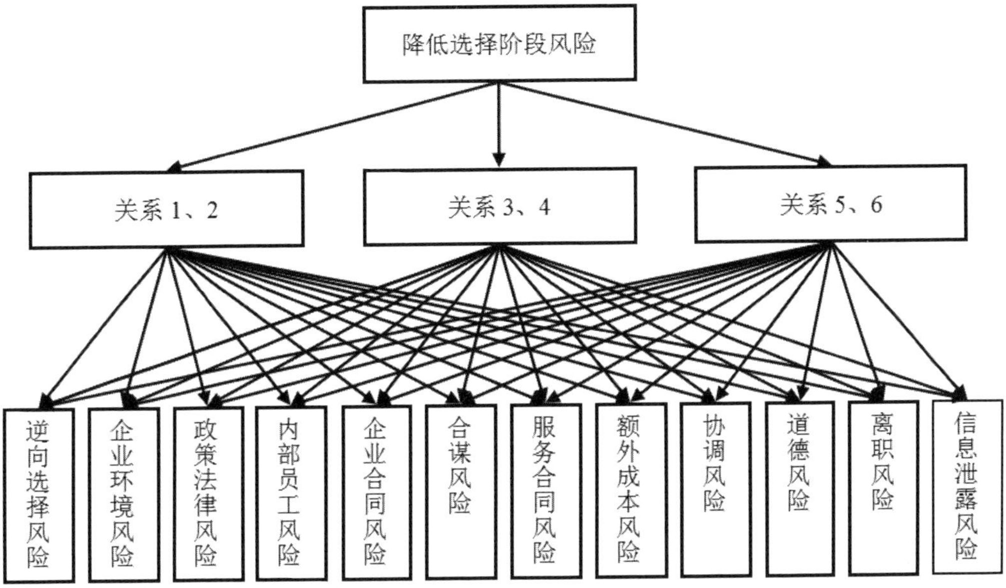

```
                    ┌──────────────┐
                    │降低选择阶段风险│
                    └──────────────┘
              ┌───────────┼───────────┐
        ┌─────┴────┐ ┌────┴────┐ ┌────┴────┐
        │ 关系1、2 │ │ 关系3、4│ │ 关系5、6│
        └──────────┘ └─────────┘ └─────────┘
```

逆向选择风险 ｜ 企业环境风险 ｜ 政策法律风险 ｜ 内部员工风险 ｜ 企业合同风险 ｜ 合谋风险 ｜ 服务合同风险 ｜ 额外成本风险 ｜ 协调风险 ｜ 道德风险 ｜ 离职风险 ｜ 信息泄露风险

图 4.7　人力资源外包执行阶段的层次模型图

2. 判断矩阵构建

假设更高层次的风险准则与下一层次的风险因素具有支配关系，就可以根据准则，对风险因素进行两两比较从而实现权重赋值。在进行判断矩阵的构建过程中，本节的比例标尺定义为1到9，以实现各风险因素重要程度的准确排序。

企业人力资源外包管理风险评估专家小组通过风险因素的排序结果，可以完成判断矩阵的构建。最后根据各层次指标的相互比较，从而得出一致的分析结果。

1）决策阶段判断矩阵构建

首先，对于准则层可以实现各社会关系相对重要性的评价如下所述。

决策阶段以降低风险为目标的情况下，判断矩阵一致性比例：0.0011；对总目标的权重之和为：1.0000。结果如表4.4所示。

表4.4 决策阶段准则层的相对权重

	关系1	关系2	关系3	权 重
关系1	1.0000	2.2255	3.3201	0.5713
关系2	0.4493	1.0000	1.4918	0.2567
关系3	0.3012	0.6703	1.0000	0.1721

注：关系1是指BF/领导与ZH/领导的关系；关系2是指BF/HR与ZH/HR的关系；关系3是指BF/用工部门与ZH/HR的关系；关系4是指BF/HR与员工的关系；关系5是指BF/用工与员工的关系；关系6是指ZH/HR与员工的关系；。

其次，我们确定方案层各风险要素的相对权重。

对于关系1(BF/领导与ZH/领导)，我们获得了判断矩阵。

通过计算，判断矩阵一致性比例：0.0047，通过一致性检验。具体判断矩阵见表4.5。

对于关系2(BF/HR与ZH/HR之间的关系)，我们也获得了判断矩阵。计算获得判断矩阵一致性比例：0.0007。具体判断矩阵见表4.5。

对于关系3(BF/用工部门与ZH/HR之间的关系)，我们也获得了判断矩阵。计算获得判断矩阵一致性比例：**0.0021**。具体判断矩阵见表4.6。

最终风险要素在决策阶段的排序结果如表4.5所示。

表4.5 决策阶段相关风险因素的相对权重

序 号	风险因素	权 重
1	决策错误风险	0.1510
2	逆向选择风险	0.1943
3	内部员工风险	0.1775
4	协调风险	0.0434
5	道德风险	0.0433
6	跨文化沟通风险	0.0435
7	员工认知风险	0.0432
8	环境匹配风险	0.0438

续表

序 号	风险因素	权 重
9	额外成本风险	0.0435
10	离职风险	0.0435
11	信息泄露风险	0.0430
12	服务失败风险	0.0438
13	员工外包风险	0.0434
14	创新不足风险	0.0428

从上述的分析看，在决策阶段，主要的风险来自逆向选择、内部员工和决策错误，这与案例分析和假设一致，因此假设一获得支持。

2) 选择阶段判断矩阵构建

首先，对于准则层可以实现各社会关系相对重要性的评价如下所述。

决策阶段在以降低风险为目标的情况下，判断矩阵一致性比例(C.R.)是0.0278(该比例小于 0.05，根据经典判断矩阵一致性统计量 C.R.的统计检验方法，判断矩阵具有满意的一致性，该一致性判断标准下同)；对总目标的权重之和为1.0000，结果见表4.6。

表4.6 选择阶段准则层的相对权重

	关系1	关系2	关系3	关系5	关系6	关系4	权 重
关系1	1.0000	3.0000	3.0000	8.0000	8.0000	8.0000	0.4215
关系2	0.3333	1.0000	1.0000	7.0000	8.0000	8.0000	0.2380
关系3	0.3333	1.0000	1.0000	7.0000	7.0000	7.0000	0.2276
关系5	0.1250	0.1429	0.1429	1.0000	1.0000	1.0000	0.0382
关系6	0.1250	0.1250	0.1429	1.0000	1.0000	1.0000	0.0374
关系4	0.1250	0.1250	0.1429	1.0000	1.0000	1.0000	0.0374

注：关系1是指BF/领导与ZH/领导的关系；关系2是指BF/HR与ZH/HR的关系；关系3是指BF/用工部门与ZH/HR的关系；关系4是指BF/HR与员工的关系；关系5是指BF/用工与员工的关系；关系6是指ZH/HR与员工的关系。

其次，我们确定方案层各风险要素的相对权重。对于关系1(BF/领导与ZH/领导)，我们获得了判断矩阵，通过计算，信息不对称(逆向选择风险)、企业合同风险、外包商合同风险获得较高权重；同时，判断矩阵一致性比例：0.0047，通过一致性检验。具体判断矩阵见附录。

对于关系2(BF/HR与ZH/HR之间的关系)，我们也获得了判断矩阵，信息不对称(逆向选择风险)、企业合同风险、外包商合同风险获得较高权重。

判断矩阵一致性比例：0.0000；对总目标的权重：0.2380。具体判断矩阵见附录。

对于关系3(BF/用工部门与ZH/HR之间的关系)，我们也获得了判断矩阵。计算结果信息不对称(逆向选择风险)风险获得较高权重。

判断矩阵一致性比例：0.0001；对总目标的权重：0.2276。具体判断矩阵见附录。

对于关系4(BF/HR与员工之间的关系)，我们获得了判断矩阵。通过计算，信息不对称(逆向选择风险)、企业与员工合谋风险获得较高权重。

判断矩阵一致性比例：0.0000；对总目标的权重：0.0374；对总目标的权重：0.0382，通过一致性检验。具体判断矩阵见附录。

对于关系5(BF/用工与员工之间的关系)，我们也获得了判断矩阵。计算结果信息不对称(逆向选择风险)、企业与员工合谋风险获得较高权重。

判断矩阵一致性比例：0.0000；对总目标的权重：0.0382。具体判断矩阵见附录。

对于关系6(ZH/HR与员工之间的关系)，我们也获得了判断矩阵。计算结果企业与员工合谋风险获得较高权重。

判断矩阵一致性比例：0.0000；对总目标的权重：0.0374。具体判断矩阵见附录。

从上述基于关系的风险分析结果看，本节假设二获得支持。

3) 执行阶段判断矩阵构建

在执行阶段，首先，对于准则层可以实现各社会关系相对重要性的评价如下：决策阶段在以降低风险为目标的情况下，准则层判断矩阵一致性比例：0.0000；对总目标的权重：1.0000。结果见表4.7。

表4.7 执行阶段准则层的相对权重

	关系1	关系2	关系3	关系5	关系6	关系4	权重
关系1	1.0000	0.3012	0.3012	0.2466	0.3012	0.3012	0.0545
关系2	3.3201	1.0000	1.0000	0.8187	1.0000	1.0000	0.1811
关系3	3.3201	1.0000	1.0000	0.8187	1.0000	1.0000	0.1811
关系5	4.0552	1.2214	1.2214	1.0000	1.2214	1.2214	0.2212
关系6	3.3201	1.0000	1.0000	0.8187	1.0000	1.0000	0.1811
关系4	3.3201	1.0000	1.0000	0.8187	1.0000	1.0000	0.1811

其次，我们确定方案层各风险要素的相对权重。对于关系1(BF/领导与ZH/领导)，我们获得了判断矩阵，通过计算，信息不对称(逆向选择风险)、企业合同风险、外包商合同风险获得较高权重；同时，判断矩阵一致性比例：0.0047，通过一致性检验。具体判断矩阵见附录。

对于关系2(BF/HR与ZH/HR之间的关系)，我们也获得了判断矩阵，信息泄露、服务失败、员工外包风险、创新不足风险、协调风险、道德风险、跨文化沟通风险获得较高权重；且判断矩阵一致性比例：0.0237；对总目标的权重：0.1811。具体判断矩阵见附录。

对于关系3(BF/用工与ZH/HR之间的关系)，我们也获得了判断矩阵。计算结果信息泄露、协调风险、道德风险、服务失败、跨文化沟通、员工外包风险、创新不足风险获得较高权重；获得判断矩阵一致性比例：0.0087；对总目标的权重：0.1811。具体判断矩阵见附录。

对于关系4(BF/HR与员工之间的关系)，我们获得了判断矩阵。通过计算，额外成本风险、协调风险、道德风险、离职风险、信息泄露、、跨文化沟通、员工外包风险、员工认知、创新不足风险获得较高权重；判断矩阵一致性比例：0.0000；对总目标的权重：0.1811，通过一致性检验。具体判断矩阵见附录。

对于关系 5(BF/用工与员工之间的关系)，我们也获得了判断矩阵。计算结果额外成本风险、协调风险、道德风险、离职风险、信息泄露、跨文化沟通、员工外包风险、员工认知、创新不足风险获得较高权重；获得判断矩阵一致性比例：0.0000；对总目标的权重：0.2212。具体判断矩阵见附录。

对于关系 6(ZH/HR 与员工之间的关系)，我们也获得了判断矩阵。计算结果额外成本风险、协调风险、道德风险、离职风险、信息泄露、服务失败、跨文化沟通、员工外包风险、员工认知、创新不足风险获得较高权重；获得判断矩阵一致性比例：0.0184；对总目标的权重：0.1811。具体判断矩阵见附录。

从上述基于关系的风险分析结果看，本节假设三获得支持。

同样，由于客观因素的限制，本节的研究未建立专业的企业人力资源管理外包的风险评估与管理小组，仅选取 10 位风险管理专员进行方案层和主准则层的指标进行比较分析与评价，以少数服从多数的原则进行最终结果的选取，从而形成判断矩阵。

从上面的计算分析结果可以看出，企业人力资源外包管理者需要根据所得到的风险因素评估量化结果采取必要的风险规避和消除策略，并且制定不同的优先级，当企业人力资源外包风险处于较低水平的时候，企业的管理者就可以提高实施人力资源外包的力度，尽可能地发挥人力资源外包的效益；然而当风险水平处于较高的水平时，企业的管理者可能需要放弃人力资源外包或者采取非常积极、有效的策略规避或者解决这些风险后才能实施人力资源外包。

假设更高层次的风险准则与下一层次的风险因素具有支配关系，就可以根据准则，对风险因素进行两两比较从而实现权重赋值。在进行判断矩阵的构建过程中，本节的比例标尺定义为 1 到 9，以实现各风险因素重要程度的准确排序。

企业人力资源外包管理风险评估专家小组通过风险因素的排序结果,可以完成判断矩阵的构建。最后根据各层次指标的相互比较,得出一致的分析结果。如表 4.8 所示。

表 4.8 人力资源外包风险层次分析与定性分析的对照表

编号	方案层	决策阶段 案例	决策阶段 AHP 权重	选择阶段 案例	选择阶段 AHP 权重	执行阶段 案例	执行阶段 AHP 权重
1	缺乏监督	*	0.1510	*	0.1204		0.0103
2	隐藏信息	*	0.1943	*	0.1085		0.0104
3	有意控制	*	0.1775	*	0.1063		0.0113
4	认识高层	*	0.0434		0.0265		0.0124
5	人情选择		0.0433	*	0.1062		0.0144
6	缺乏创新		0.0435	*	0.1051		0.0150
7	问题合同		0.0432	*	0.1041		0.0158
8	信息泄露		0.0438		0.0265	*	0.0159
9	公平缺失		0.0435		0.0218	*	0.1341
10	人情考核		0.0435		0.0216	*	0.2349
11	沟通障碍		0.0430		0.0207	*	0.2349
12	员工离职		0.0438		0.0117	*	0.2025
	一致性		0.0048		0.0233		0.0051

注:根据对 BF 公司人力资源副经理、用工部门(生产部门)副经理的调查及层次分析结果整理。

上述层次分析结果与案例研究第一小组的编码结果基本一致,可以说,本案例研究所提出的关系风险结构得到了两个小组结果的相互印证。

第 5 章

人力资源外包方法论：
企业如何做人力资源外包

在当前知识经济时代，企业中的组织结构变化很大，当前的企业组织结构呈现一种三叶草式的形式。这种形式的组织结构有三个系统：人员流通系统、外包系统和专家系统。这意味着在当前企业中有一部分管理职能可以通过外包系统来负责，或者说管理职能的外包会影响企业的组织架构，人力资源管理外包的对象就是要将这部分管理职能进行外包。

5.1 如何进行人力资源外包职能的选择

当企业做出人力资源管理外包决策时，面临的第一个问题就是要选择哪些人力资源管理职能进行外包，选择哪些管理职能交由企业内部管理，这就是外包服务对象选择的问题。选择哪些人力资源管理职能进行外包，首先需要分析和确定企业人力资源管理外包的目的，了解选择人力资源管理外包对象的原则，最后确定企业人力资源管理外包的对象范围。

企业的所有经营活动的决策选择都具有目标性，人力资源管理外包也是一项经营活动，其选择也具有一定的目的性。美国著名的人力资源管理外包服务商翰威特在调查了企业选择外包服务的原因后发现，企业选择外包的主要原因有：降低企业管理成本、提升企业效益、获得专业服务和先进技术、调整人力资源管理职能方向、降低企业管理费用等。

企业选择人力资源管理外包的原因大致可以分为五大类：获取专业的外包服务、降低管理成本、提高企业管理效率、提高企业核心竞争力、降低企业管理风险。因此，企业在人力资源管理外包过程中需要注意以下几个原则。

5.1.1 提升企业的核心竞争力原则

企业面临的市场环境是不断变化的，企业要想在不断变化的市场环境中生存和发展，必须变革企业管理模式，以适应市场环境的变化。企业通过人力资源管理外包的方式来履行人力资源管理职能是对企业管理模式的一种变革，目的是适应市场环境的变化。企业的竞争优势建立在企业的核心竞争能力基础之上，核心竞争力主要由企业核心业务所决定。

从企业核心竞争力构建的角度来看，企业业务一般可以分为非核心业务和核心业务。企业内部的人力、财力和物力等资源是有限的，企业不可能将这些资源平均分配给企业的每项业务，企业需要集中优质资源用来发展企业的核心业务，打造和提升企业核心竞争力；而对于一些非核心的业务，则可以通过服务外包的方式交由外部专业的外包服务公司来负责管理，这样可以减少企业资源浪费。

企业选择人力资源管理外包的主要的目的是提升企业核心竞争力，以更好地适应市场环境的变化。企业将对企业核心竞争力贡献较小的非核心业务外包给专业的服务商进行管理，集中企业优质资源发展核心业务，提升企业核心竞争力。绝大部分学者都认为企业不能外包企业的核心业务。所以企业应当外包企业的非核心人力资源管理业务，对于一些核心的人力资源管理职能，则留在企业内部进行管理。

按照职能与发展战略之间的关系，可以将企业人力资源管理职能划分为战略性职能和非战略性职能(日常事务管理)。战略性管理职能对企业发展战略和企业核心竞争力可以产生较大的影响，属于企业核心业务；非战略性管理职能对于企业的发展战略和核心竞争力的影响较小，属于非核心业务。

人力资源管理外包的方式可以在一定程度上减少企业人力资源管理部门在非战略性管理业务上的精力投入，可以将更多的精力和时间集中在战略性的管理职能上，更好地提高企业核心竞争力。

美国著名的管理学家詹姆斯·奎因(Quinn)提出外包可以有效支持企业核心发展战略的实现，两者之间相互支持、相互联系，可以改善企业运营业绩，提升企业核心竞争能力。惠普的资源运营部主管也提出：外包是在不增加企业运营成本的前提下，把自己原来做得不好的事务交给更专业的人去做，它的主要目的是双方将有限的企业资源投入到最重要的业务上，双方可以一起做出重大的策略性和战略性的决定，双方各尽所长，各有侧重点。

他依据企业内部业务对企业竞争优势和发展战略贡献的大小程度，将企业内部业务划分为九种类型，如图 5.1 所示。

对竞争优势的贡献度	高	1. 内部控制	2	3
		4	5. 特殊的合约、契约安排、外包	6
		7	8	9. 直接的市场购买、或低度控制
	低			高
		战略的脆弱性		

图 5.1　Quinn 和 Hillmer 的外包决策模型

九种类型业务中，三类业务比较有代表性。

第一象限：第一象限的企业业务和企业发展战略有着密切的关系，对企业核心竞争力贡献较大。该类型的业务一般应选择内部管理。

第五象限：第五象限的企业业务和企业发展战略的关系一般，对企业核心竞争力的贡献也一般，这类企业业务一般可以选择外包的方式处理。

第九象限：第九象限的企业业务和企业发展战略的关系较低，对企业核心竞争力的贡献较小，这类企业业务一般可以选择在市场中直接购买。

其他象限。其他几个象限的业务不具有典型特征，而是具有混合特征，对于这些类型的业务，企业可根据实际情况，选择内制、外包或者市场购买的方式来获取。

5.1.2　获取专家服务和先进技术原则

企业可以通过从外部服务商获取专业化的专家服务来提高企业管理的效率，提升企业经营收益。企业进行人力资源管理外包决策时，是否能够从人力资源管理外包服务提供商那边获得专业化服务是一个重要的考虑因素。在选择人力资源管理外包对象时，管理职能的专业化程度也是一个重要考虑因素。

企业中各种业务在管理方式和水平上都会存在差异，而各业务之间都会相互影响和相互联系。企业内部的各种因素都会影响内部业务的管理水平，一些管理水平较低的业务会影响到企业其他业务的执行效率，就会出现"木桶效应"或"短板效应"。

企业的人力资源管理职能中，也会存在"短板"业务，这些"短板"业务会对企业管理水平产生一定的影响。短期内企业无法通过较低的成本耗费来改善这些短板业务。而人力资源管理外包可以帮助企业很好地解决这些问题，因为人力资源管理业务是人力资源管理外包服务商的核心业务，他们会将公司的资源集中在这些核心业务上，企业把他们非核心的人力资源管理职能外包给专业的外包服务商，不仅可以改善企业人力资源管理的短板，也可以提升人力资源管理的整体水平。

5.1.3 降低管理成本原则

尽管所有的企业不会把降低成本作为他们唯一的目标，但是通过降低管理成本，可以提高企业利润，同时也可以提高企业核心竞争力和市场适应能力。外部服务商不仅在人力资源管理技术上专业程度较高，同时还具备一定的规模经济优势和成本优势，企业选择人力资源管理外包可以帮助企业提升管理水平，提高企业效益。

企业中对于企业战略发展和核心竞争力贡献较小的管理业务，都应该选择外包的方式，因为外包服务商可以提供低成本的专业化服务，并且具有较大的规模效益。

企业可以通过将对企业经营绩效和核心竞争力影响较小的人力资源管理活动进行外包的方式降低企业管理成本，如薪资发放等活动。而那些招聘一般员工和人力培训等活动,却可以放在企业内部进行,因为企业内部有丰富和方便有效的培训资源,从而降低企业管理成本。

5.1.4 提高管理效率原则

企业的成本效益是企业决策人力资源管理外包时主要的考虑因素。企业成本效益指单位成本内所获得的效益,企业追求的目标是以低成本获取高效益。企业选择人力资源管理外包时,企业整体效益提高体现在两个方面:一是成本降低,二是效益提高。企业人力资源管理主要通过人员配置和人员激励来合理使用企业人力资源,提高企业管理效率,提高企业经济效益。外部的服务商具有专业化和技术先进的优势,可以提高企业管理效率。

人力资源管理外包选择的模型主要是从服务专业化和服务成本两个角度对外包服务商和企业人力资源管理部门进行对比分析(见图5.2)。

第一象限:外包服务商在专业化水平和服务成本上都比内部人力资源部门更有优势。这种外包状况是最理想的情况,选择外包的方式可以给企业带来良好的双重效益。

第二象限:外包服务商比内部管理服务水平高,服务价格也高,这种情况需要进一步进行分析,才能得出相应结论。因此这种情况下的外包决策选择是未定的,需要进一步进行分析。这种情况如果外包服务商的服务水平有很明显的优势,而服务价格不是高很多,这时一般都会选择外包的方式。

第三象限:外包服务商比内部管理的服务水平低,同时服务价格也比较低,这种情况选择外包难以判断是否会提升企业的整体效益,所以外包的决策也是未定的。如果外包服务商的服务水平比内部管理低,一般情况下企业是不会进行外包的,但是如果在服务价格与内部管理的成本相差较大,而服务水平差异不大的情况下,企业也可能会选择外包。

第四象限：外包服务商的服务成本比内部管理高，服务水平比内部管理低，这种情况下肯定不会选择外包。

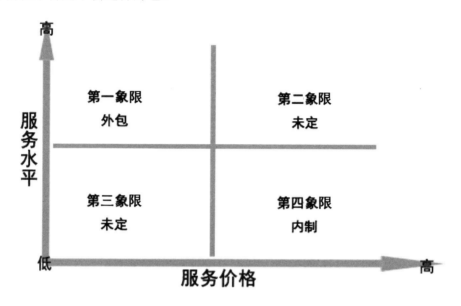

图 5.2　基于成本和效益的人力资源管理外包的选择模型

5.1.5　降低风险原则

企业进行人力资源管理外包的一个主要目标是期望降低企业管理过程中的风险。那些给企业管理带来较多风险和争议的业务，企业更愿意把他们交给专业的外包服务商来管理，以降低企业的管理风险。企业内部对于这类业务的管理往往缺乏经验，管理人员缺乏专业的技能和知识，在管理过程中容易出现管理差错，从而给企业带来风险和不利的影响。

例如员工外派、劳动保护和劳动保险等。还有一类业务尽管在企业内部具备专业的技能和知识，可以支撑内部管理，但是往往会有公平性方面的问题，例如员工辞退、干部选拔等，选择外包的方式可以有效避免这些争议，提高员工满意度。

企业中有些人力资源管理活动会对企业经营绩效和核心竞争力产生较大的影响，比如企业高级管理人才和技术人才的招聘和培训。这一类活动企业在内部往往缺少相应的专家、知识、技能和工具，所以企业会将这一类活动外包给专业的服务商，以降低此类活动带来的风险，同时也可以获取专业化的优质服务，提升企业的管理水平和核心竞争力。

5.1.6 管理业务流程标准化的原则

企业进行业务外包的一个重要前提和原则就是标准化原则，外包服务的标准化，可以使外包的业务在企业内部有效衔接和转换；对外包服务商而言，实现公司规模效益的前提就是业务流程的标准化。业务流程的标准化可以降低运营成本，给双方带来双赢的结果。一般而言，人力资源外包的外包决策具备以下 5 大流程，如图 5.3 所示。

图 5.3　人力资源外包的外包决策

托马斯·达文波特提出标准的业务流程可以有效地推动业务流程的外包。人力资源管理业务外包也是业务流程外包的一种,人力资源管理外包的服务商会对他们提供的人力资源管理职能活动的操作流程进行标准化,可以推动企业人力资源管理更为专业和规范。

不管是传统人事管理(包括薪酬管理、劳资关系、绩效考核、招聘和档案管理等),还是现代人力资源管理(包括人力资源规划、培训开发等),这些职能的执行过程都越来越标准化。同时人力资源管理的业务流程标准化为人力资源管理系统化和信息化提供了方便,当前国内很多大型企业都运用 SAP 的人力资源信息管理软件管理企业的人力资源。

交易成本的理论表明标准化程度较高的业务通过外包的方式更容易获得规模经济优势,降低成本。而企业人力资源管理业务的标准化程度一般比较高,而且基本属于企业非核心业务,对企业核心竞争力和经济绩效的贡献较小,比较适合外包。而企业核心的人力资源管理职能标准化程度较低,就不太适合进行外包。

人力资源管理业务流程的标准化程度的高低是判断企业是否进行人力资源管理外包的标准,是成功实施人力资源管理外包的重要保障,是外包对象选择的重要原则。

5.1.7 适应市场发展原则

市场环境变化多,不确定的因素多,企业要适应这种变化变得越来越困难,一些大型企业因没能适应市场环境的变化,而被市场淘汰。市场经济全球化的背景下,企业面临规模缩小和人员裁减的压力,企业选择人力资源管理外包的方式,可以将部分业务转移给外部服务商,减少企业用工需求,降低企业运营成本,提高企业适应市场的能力。

在企业传统的人力资源管理中，人力资源部门一般会耗费大量的精力和时间来管理日常事务，即使这些事务给企业带来的价值不是很高，但如果处理不妥当则会影响企业的正常经营管理。如果企业的人力资源管理部门在非战略性的管理业务上耗费太多的精力和时间，就会对战略性的管理业务产生影响，降低企业人力资源管理的价值和效率。

5.2 企业人力资源外包决策六步走

企业在选择人力资源管理外包服务商时，首先要明确企业内部的管理活动范围和人力资源管理外包服务商的活动范围。经营费用经济学理论认为，管理模式选择内部管理还是外包管理是由管理职能的独特性决定的，独特性越高的管理职能可以放在企业内部来管理。

而企业应该把有限的优质资源集中在对企业核心竞争力贡献较大的业务上，而把外围的业务交给外包服务商。交易费用经济学主要强调资源活动的独特性，而资源基础观点主要强调资源活动的价值。将价值和独特性相结合，就可作为判断是否将人力资源管理活动外包的一个标准。

人力资源管理职能活动的价值主要取决于能否对企业效益、市场开发和潜在危机的消除产生战略作用，能否提升企业的核心竞争力。显而易见，价值较高的人力资源活动，应该进行内部化管理，价值较低的人力资源管理活动，应该进行外包。同样稀缺性和独有性的管理活动应该进行内部化管理，标准化和通用的人力资源管理活动应该进行外包。企业进行人力资源管理外包决策时主要有以下几个主要过程(见图5.4)。

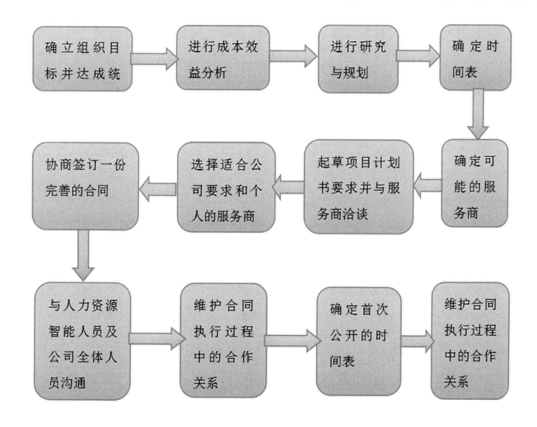

图 5.4 人力资源外包决策流程图

5.2.1 人力资源管理的现状分析

对企业人力资源管理需求的分析主要是基于对企业人力资源管理现状的分析和评估，主要考虑以下几个方面的问题。

1. 人力资源管理与企业运营状况的匹配程度

企业人力资源管理能否满足企业内部各部门对人力资源管理的需求？能否有效支撑企业各项经营活动有序运行？能否有效促进和推动企业的发展？

2. 人力资源管理与企业的未来战略发展需求

市场环境不断在变化，企业人力资源管理模式必须适应这种变化，在不断变化的市场环境中不断调整,以适应企业未来战略发展需求。能否适应企业未来战略发展的需求是判断企业人力资源管理职能活动是否有效的一个标准。

3. 竞争对手人力资源管理的水平和人力资源外包市场的发展

企业要想在激烈的竞争环境中生存下来并且生存得更好,必须具备比竞争对手更强的竞争力。要想具备更强的核心竞争力,必须充分全面地了解竞争对手的情况,正所谓"知己知彼,百战不殆"。企业人力资源管理也是企业打造核心竞争力过程中的一项重要活动,因此,竞争对手的人力资源管理水平在很大程度上会影响一个企业进行人力资源管理外包的决策活动。

同时,不仅需要了解行业内竞争对手的人力资源管理水平,还需要了解人力资源管理外包服务商的服务水平和竞争对手的人力资源管理外包情况。了解上述内容可以有效帮助企业进行人力资源管理外包的决策。

4. 是否符合相关的法律法规要求

随着国家法制化进程的加快,国家和地方政府都相继出台了大量与人力资源管理相关的法律法规,比如企业用工制度、劳动保险政策、工资福利政策等。有些法律法规也明确规定了哪些项目必须由企业内部负责,哪些项目必须外包给指定的服务商,企业必须遵守这些法律法规。

5.2.2 人力资源管理外包需求与外包选择

有力高效的外包能够为企业带来各方各面的好处,进而推动企业发展。然而,并不是所有的企业都适合进行外包的,即便选择了外包业务,也还需要进行细分选择更适合自身发展的模式。也就是说,一个企业是否需要选择进行外包业务,还需要对各种要素进行综合考量,才能达到预期目标。人力资源管理外包需求与外包选择如图5.5所示。

第5章 人力资源外包方法论：企业如何做人力资源外包

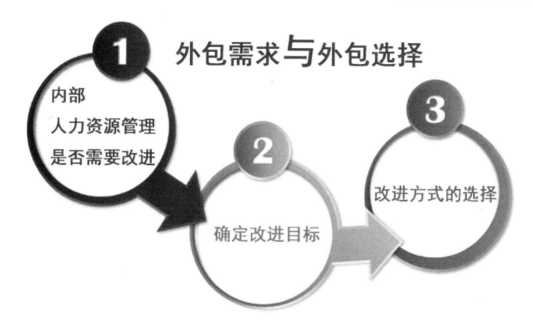

图5.5 外包需求与外包选择

1. 内部人力资源管理是否需要改进

企业决策是否需要进行人力资源管理外包是建立在对企业内部人力资源管理进行分析和评估的基础上的。如果企业内部人力资源管理水平可以很好地完成企业的各种人力资源管理职能(如招聘、绩效考核和培训等)、比竞争对手的人力资源管理更加规范和专业；同时也符合企业未来的发展战略要求、符合国家和各个地方政府的法律法规，那么企业就应该维持现有的人力资源管理制度，否则企业就需要改革企业人力资源管理制度。

2. 确定改进目标

如果确定要改进企业内部人力资源管理，首先需要确定改进的方向和目标，例如提高管理专业化水平、降低管理成本和提高管理效率等目标。制定和明确改进目标可以有效帮助企业人力资源管理更有效地适应企业发展战略，更好地推动企业向前发展。

3. 改进方式的选择

在确定人力资源管理改进目标后，需要选择改进的策略和方式。一般企业管理改造的方式有两种：外部改造和内部改造。外部改造主要是通过人力资源管理外包来履行企业人力资源管理职能；内部改造主要通过改善企业内部人力资源组织架构和人员配置来优化企业人力资源管理。

企业可以采用收益风险分析和成本收益分析等方法来确定选择外部改造还是内部改造。依据改进目标选择最合适的改进方式和实施方案。

5.2.3 选择合适的外包对象

外包对象是指企业外包的人力资源管理职能。如果企业明确要通过外包改造的方式来改进企业内部人力资源管理水平，首先需要明确企业人力资源管理外包的对象。外包对象主要是指企业进行人力资源管理外包的管理职能。

企业选择哪些人力资源管理职能进行外包，主要应考虑几个因素：职能属于核心业务还是非核心业务、职能与企业发展战略间的关系、职能与企业核心竞争力的关系、企业内部的管理水平与外包服务商提供的管理服务水平的差异情况。

一般而言企业核心的职能业务只会交由内部管理，与企业发展战略关系密切的管理职能也交由内部管理；非核心和管理职能选择外包的方式，内部管理水平明显低于外部服务商管理水平时，也更倾向于选择外包方式。

5.2.4 服务供应商的选择

人力资源管理外包服务商的选择决定了企业人力资源管理外包能否成功，本章 5.3 节专门讨论了如何选择外包服务商。企业选择人力资源管理外包服务商时，主要有以下几种方案：一个服务商同时负责多项管理职能；多个服务商负责一项管理职能；一家主服务商，多家备选服务商；在不同阶段选择不同的外包服务商。不管选择哪种方案都需要综合考虑企业的需求、特征、成本和风险等因素。

5.2.5 外包的实施

外包的实施主要指人力资源管理外包服务的执行过程。外包的服务过程主要有合同的签订、合同的执行、例外事项处理、服务商管理、沟通和协调等内容。这些过程的有效进行可以保障外包合约的顺利履行,确保实现最终外包目标。外包能否成功实施取决于对上述过程的有效监督、控制和管理,外包服务过程中,企业需要与外包服务商定期进行沟通和协调,保持信息通畅,同时要对外包合约执行的情况进行控制和监督,保障外包顺利实施。

5.2.6 外包的评估

外包的评估主要是对比分析外包的初始目标设定和外包的执行过程,并对外包实施的最终结果进行分析评估。外包的评估不仅是对外包成果的总结,也是对外包效果的评估和考核,企业依据外包评估结果决定是否继续进行人力资源管理外包。

外包评估是外包实施过程中的一个重要步骤。通过对外包服务商的评估,企业可以及时采取纠偏措施和预防措施,及时发现和解决外包合约执行过程中出现的各种问题。通过外包评估,企业可以评估下一阶段是否将外包职能收回内部管理,或者是继续外包还是更换外包服务商等。

外包评估最主要的评估依据是外包合约,外包合约是企业和外包服务商双方共同商定认可并具有法律效力的文件。外包服务执行过程都需要依据外包服务合同约定的义务和职责,但是任何外包合同都会存在一定的缺陷和漏洞。

企业在外包过程中,不能完全被外包合约限制和制约,需要依据环境的变化及时和外包服务商进行信息沟通和协调，对合同中不合理或风险之处进行修订和完善，保障合同的有效性和适应性。在外包实施过程中，要让外包合同成为推动外包成功实施的一个有力保障。

5.3 影响人力资源管理外包的重要因素

人力资源管理外包在给企业带来一定价值的同时也会给企业带来一定的风险。企业在人力资源管理外包过程中，失败的案例屡见不鲜。如何有效防范风险，确保企业收益是人力资源管理外包决策和管理需要解决的一个问题。

5.3.1 影响企业人力资源管理外包的企业因素

人力资源管理外包有利于企业更合理地配置企业资源，有利于提高企业的管理水平和经营收益。而影响企业人力资源管理外包的组织因素包含如图 5.6 所示的几点。

图 5.6　企业人力资源管理外包的企业因素

1. 企业的规模

企业规模是企业在人力资源管理外包过程中的一个重要影响因素。人力资源管理面向的对象是全体员工，企业需要根据企业全体员工的需求合理配置人力资源管理部门。在规模和实力较小的企业中，人力资源部门人员配置较少，地位也相对较低。

即使是实力较大的企业，人力资源管理部门虽然有较高的资源配置，但是这种高资源配置模式，需要耗费的企业资源也比较多，导致企业无法平衡资源配置，资源利用效率较低。

中小型企业的规模和员工数量都比较小，企业人力资源管理部门服务的企业员工也较少，没有规模效应，这样企业内部的人力资源管理单位成本就会比较高。但是对于人力资源管理外包服务商而言，他们可以同时服务多家客户，形成一定的规模效应，在降低企业的人力资源管理单位成本的同时提升企业人力资源管理水平和效率，提高企业的核心竞争力优势，给企业带来更大的效益。

大型企业由于发展历史较长，规章制度健全，人力资源管理部门配置较好，管理水平比较高；同时人力资源管理部门服务的员工数量多，这种规模效应可以降低企业人力资源管理的人均单位成本。这类企业对于人力资源管理外包的意愿不会很强烈。

因此，规模较大、人力资源管理水平较高的大型企业往往不会选择人力资源管理外包服务，规模小和人力资源管理水平较低的中小企业一般会选择人力资源管理外包。

2. 人力资源管理的专业化水平

随着经济和社会的发展，企业对于人力资源管理的要求越来越高，人力资源管理在企业中的地位也会越来越高。

在当前的企业生存环境下，人力资源管理的重要性逐渐增大，对它的要求也越来越高,而目前很多企业人力资源管理专业化和规范化水平都比较低,这种现象会导致人力资源管理成为企业管理中的一块短板,无法保障企业的快速发展,而通过人力资源管理外包可以有效地降低企业的管理成本,提升企业的经营收益,保障企业的稳步发展。

在我国现代化公司制度的发展历史不长,企业内部的人力资源管理水平普遍比较低,很多企业对于高水平、高专业化的人力资源管理外包服务的需求相当强烈,所以未来人力资源管理外包服务市场发展前景相当广阔。因此,那些人力资源管理水平较低的企业,有很强烈的意愿和可能性会选择人力资源管理外包服务。

3. 人力资源管理职能的独特性

不同的人力资源管理职能与企业的关联度和对企业的重要性都会有差异。比如企业在员工招聘和员工培训过程中,不仅要考虑企业内部的业务特点,也要考虑企业自身的人才需求。而传统行业的企业和高科技企业在招聘高管时,对于高管的工作经历、学历要求、以往业绩以及个人性格等方面的要求是有很大差异的。这种差异表明企业在人力资源管理方面存在差异性和个性化。人力资源管理外包过程中,外包服务商对于个性化要求比较高的管理职能,而且价格也会比较高,同时他们提供的服务内容与企业的真正需求也会存在一定的差异,很难满足客户的要求。

这一类人力资源管理职能很难通过外包服务的方式获取明显的效益和优势,企业对这些职能进行外包的意愿也会比较弱,更愿意采用内部管理的方式。

对于差异性和个性化要求较低的人力资源管理职能来说,比如员工的档案管理、医疗健康、养老保险和工资发放等。这些管理职能标准化程度比较高,外包服务商很容易满足企业的要求,通过外包来管理这些职能具有明显的优势和效益。对于这些标准化和通用性较高的管理职能,企业会有较大的可能性和意愿选择服务外包。

不同的人力资源管理职能都会表现出不同程度的标准化和个性化。例如不同企业在招聘核心员工或者高层管理者时的要求会存在较大的差异，个性化程度较高；但是在招聘普通员工时，存在的差异就会比较小，个性化程度较低，标准化程度较高。

从交易成本的角度出发，标准化程度较高的资产，交易的成本就会较低，服务商获得的规模效益较高；专用化程度较高的资产，交易成本就会较高，服务商获得的规模效益较低。但是任何管理职能都有标准化和个性化的特征，没有一种管理职能必须外包，也没有一种管理职能不能外包。判断是否选择外包，要结合职能自身的特点，并且充分考虑企业的真正需求。

因此个性化要求较高的企业人力资源管理职能，外包优势比较小，外包的意愿也比较低；标准化程度较高的管理职能，外包的优势就会比较明显，选择外包的意愿就会比较高。

4. 企业战略

企业的经营管理活动的目的是实现企业的发展战略目标，企业人力资源管理作为企业经营管理活动自然会受到企业战略的影响。企业在进行人力资源管理外包决策时，企业战略是一个重要的依据，不一样的企业战略，决策过程中所考虑的因素和动机也不同，最终的结果也会有差异。

当企业制定成本领先发展战略时，企业就会追求规模效应和成本控制。企业在配置和获取资源时，会把成本控制作为最重要的因素之一。当外包服务商提供的人力资源管理服务成本比内部人力资源管理成本更低时，企业自然会选择外包的方式以降低企业的人力资源管理成本。

当企业制定差异化发展战略时，企业就会追求差异化的产品与服务，这时企业往往较少考虑成本因素，企业为了保持核心竞争力和差异化，会将一些与核心竞争力相关的业务交给企业内部来管理,即使外部服务商提供的人力资源管理服务成本低于内部管理服务成本。这类企业更关注经营风险的把控,企业不会因为外包而丢失对企业核心竞争力相关业务的控制权;也不会因为外包而泄露商业机密;更不会因此而丧失企业差异化的优势。

因此,企业采用成本领先发展战略,就会有较高的人力资源管理外包意愿;采用差异化发展战略,就会有较低的人力资源管理外包意愿。

5.3.2 影响企业人力资源管理外包的市场因素

影响企业人力资源外包的因素除了上面几点之外,还有新的市场因素(见图 5.7),而随着人力资源市场的变化,这些新的因素也会有所不同。

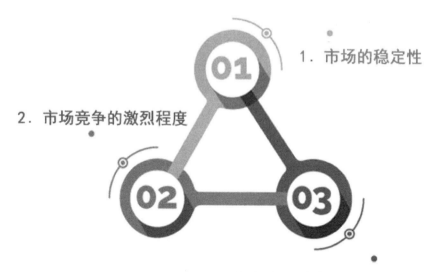

图 5.7 影响企业人力资源管理外包的市场因素

1. 市场的稳定性

市场的稳定性会影响企业的经营状况,企业经营状况的改变会影响企业对人力的需求情况,从而影响到企业人力资源管理外包的决策,导致企业会因为较大的员工流动而增加管理成本。

企业规模在扩大的过程中,需要进行员工招聘、安置和培训等人力资源管理活动,这些活动都会产生企业管理成本;当员工流失时,企业的人力资本也会大量流失,这种人力资源变动不仅给企业增加了管理成本,同时也给企业管理带来了风险和挑战。

企业的员工招聘、安置、培训和辞退等人力资源管理活动都是一些专业化程度较高的企业经营管理活动,如果处理不当,将会给企业管理带来成本的增加和潜在的风险,如果通过人力资源管理外包服务商来管理这些活动,不仅可以降低企业的经营管理成本,还可以减提升企业管理效率,降低企业管理风险。因此,当市场稳定性较低,企业人力资源需求不稳定时,企业更愿意进行人力资源管理外包。

如果市场环境稳定,企业就会拥有较好的经营状况,对于人力资源管理外包的意愿也就比较低;如果市场环境不稳定,企业经营状况也会发生较大波动,企业的劳动力需求也会不稳定,企业的管理风险和成本就会大大增加,为了避免这些风险企业会有较高意愿将企业人力资源管理外包给外部服务商。

因此,市场环境稳定性的高低会决定企业选择人力资源管理外包服务的意愿大小。

2. 市场竞争的激烈程度

不同的地区和行业,企业面临的市场激烈程度和竞争对手都会不一样。市场竞争激烈程度越高,企业就会面临更大的竞争压力,企业必须拥有一定的核心竞争力才可以在竞争激烈的市场环境中生存下来。而具备企业核心竞争力必须加强企业核心业务,企业拥有自己的核心业务才能打造企业的核心竞争力。但是企业的资源是有限的,企业必须将有限的资源用来发展企业核心业务,用外包的方式处理非核心业务则是一种好的选择。因此市场竞争的激烈程度会影响企业选择人力资源管理外包的意愿和可能性。

因此，市场竞争激烈程度越低，企业进行人力资源管理外包的意愿更高。

3. 人力资源外包服务市场的成熟程度

人力资源管理外包服务市场是专业从事人力资源管理服务的市场，该市场的成熟程度往往决定了人力资源管理外包服务的质量。通常而言，当市场上的人力资源管理外包服务商较少时，市场的规模经济较小，服务的质量较差，成本较高，对于企业客户的吸引力较低。

当行业内的人力资源管理外包经营商规模变大时，随着服务商数量的增加，业务分工更明细、工具和手段更为先进合理，市场成熟度就会越来越高，此时外包服务商就可以提供水平更高、技术更先进、专业化程度更高的外包服务，企业可以通过选择这些外包服务商来获取更大的收益，此时企业在选择人力资源管理外包时就会有更大的意愿。

当市场成熟度较低时，外包服务商不能提供高质量的外包服务，企业选择人力资源管理外包会带来管理上的风险，此时企业选择人力资源管理外包的意愿就不会很强烈。

5.4 实操：看看大企业都是如何做人力资源外包管理的

ZH 集团是我国第一家开展企业人力资源管理外包服务的供应商，当前已经被行业内的客户群体公认为最具领先水平的企业人力资源管理外包服务机构，对我国企业人力资源管理外包市场的不断发展起到了很好的促进作用。

5.4.1 ZH 集团

ZH 集团总部设置在上海，在我国很多城市都设置了分支机构和办事处，为客户服务的网店在全国 130 多个城市都有布局。可以说当前 ZH 集团的企业人力资源管理外包服务能够通过自身的网点布局和合作伙伴的渠道覆盖澳大利亚、马来西亚、新加坡和我国的港澳台地区。

当前 ZH 集团已经为三十多个行业的三百多家大型企业以及跨国公司超过 50 万人提供了薪资福利、人力资源等"一站式"外包服务业务。与此同时，ZH 公司还与德国著名的软件公司 SAP 进行了深度合作，成为 SAP 公司在亚太地区第一家企业人力资源管理外包合作伙伴，ZH 集团借助 SAP 公司强大的企业人力资源管理软件为客户提供了功能全面的人力资源管理平台。

ZH 集团从 2007 年开始就多次被欧盟商会评选为人力资源大会的金牌赞助企业，连续多年赞助我国和美国商会所举办的人力资源年后，成为该年会的白金赞助商。

5.4.2 ZH 集团客户企业

ZH 集团的客户群体遍布全球，客户所属行业也非常广泛，囊括了几乎所有的行业，诸如服务业、制造业、公共事业、金融服务、医药、实用程序、电信、石油化工、IT、零售、物流、出版、合成、消费品、人力资源、公共部门以及联合企业等各种类型企业，由于 ZH 集团借助的是最为先进的技术和最为合理、优化的方案，基于客户的不同需求和企业的自身业务特点，能够为客户提供优势、资源整合，帮助客户企业将其自身的人力、物力和资源专注于企业的优势和核心业务，提高客户企业的人力资源管理的效率，进而提高客户企业的资金回报率和经营绩效，实现客户企业的资产增值。

5.4.3 BF 新型材料有限公司

1. 企业情况

BF 公司总部在美国，隶属 BF 集团公司，是国内一家外商独资企业，坐落在苏州市新加坡工业园区内，BF公司经营的主要业务包括特殊工业材料的加工、生产和销售，同时为国内很多合作商提供多种技术基材的高品质搪瓷瓷釉。

此外，BF公司还是全国范围内在太阳能领域具有一流水平的导体浆料供应商，BF公司的电子材料部门在太阳能行业内已经具有了二十多年的高科技导体浆料研发、制造生产和销售经验，而且BF公司所生产的太阳能电池的铝浆还可以满足整个亚洲太阳能市场的原材料需求。

BF公司希望通过本土化的研发、生产和销售为亚太地区的太阳能制造企业提供高品质、高性价比的产品，以及为合作伙伴企业提供先进的技术解决方案，在促进BF公司自身业务不断发展的同时，也不断地壮大BF公司在太阳能浆料领域的市场，赢得所有客户和合作伙伴的支持与信任。

当前BF公司在全球太阳能领域可谓是头部企业，而且BF(苏州)生产出来的产品也更具竞争优势，可以满足不同客户日益增长的产品与服务需求。

2. 企业文化

BF(苏州)公司的企业文化可以概括为EHS，即"安全、监控和环保"，与此同时，BF公司还一直奉行"以人为本"的企业经营与发展理念，将人力资源管理视为BF公司获得生产和发展的关键，重视人才资源的开发与培养。BF(苏州)倡导的是开放式工作环境，强调信息的无障碍沟通，追求工作和业务的高效、创新，而且这也是BF(苏州)不断发展的动力之一。此外，BF(苏州)还通过研发和生产出来的高端物质材料提升人民的生活水平和生活质量，秉持倡导者与客户一同发展成长的理念。

3. BF公司人力资源原理现状

BF(苏州)当前具有先进的产品研发中心，以及强大的技术研发、服务团队，同时BF(苏州)还在不断地壮大着自身的研究团队规模、提高研发实力，BF(苏州)很多的员工都具有硕士及以上学历，大多数都是高学历的知识型复合人才。伴随着 BF(苏州)的不断发展和业务的不断壮大，BF(苏州)人力资源管理的业务也在逐步增大，原来的人力资源管理手工处理模式已经很明显无法满足企业的发展需求，同时也会影响到人力资源管理的准确性、规范性和安全性要求。

随着 BF(苏州)的规模不断壮大，企业人力资源管理业务活动的内容也在日趋复杂化，事务性的工作也在日趋增多。BF(苏州)为了降低人力资源管理的成本，使 BF(苏州)能够将人力和物力集中关注自己的核心业务，提高企业自身的人力资源管理的效率和管理水平，提高员工对公司的满意度和幸福感、责任感；同时也是为了能够让 BF(苏州)的管理层从烦琐的人力资源管理的行政性工作和事务性工作中得到彻底的解脱，致力于企业在人力资源管理领域的战略性业务，BF(苏州)有必要实施人力资源管理的外包。

此外，BF 集团公司是纽约证交所的一家上市企业，企业的人力资源管理活动也必须基于世界级的人力资源管理系统平台，遵循美国 SOX 法案的具体要求，因此 BF(苏州)公司实施人力资源管理外包可以实现与全球普遍使用的 SAP ERP 集成。

综上所述，为了适应自身发展战略的需求，同时也是为了满足企业人力资源管理的发展要求，BF(苏州)公司与 ZH 集团签订了为期八年的人力资源管理外包合同。此后，ZH 集团将会接手 BF(苏州)公司外籍员工的招聘工作、培训与管理工作，同时也会帮助员工进行个人职业规划、考勤管理、工作时间管理、公积金实务管理和薪资福利管理等，可以说 ZH 集团为 BF(苏州)公司人力资源管理外包服务提供了全面的支持。

第 6 章

人力资源外包风险防范：企业如何有效规避风险

虽然人力资源外包对于很多企业来说是大势所趋，但是大部分企业对人力资源外包还没有形成足够的认识，这导致我国很多企业在这方面面临着很大风险，对于突如其来的风险，缺乏有效的应对手段。企业在进行人力资源外包过程中要对外包产生的风险有足够清醒的认识，并建立风险防范机制，这样才能够在人力资源外包过程中减少风险的发生，让人力资源外包发挥积极的作用。

6.1 社会网络观与人力资源外包风险的权变分析框架

风险监控是企业的长期过程，通过对企业风险管理规定执行情况的监督，可以实现企业风险管理活动的全面跟踪与评价，从而对企业的风险情况进行实时了解，也有助于纠正措施的制定。同时，通过风险分析模型可以促进风险管理指标体系的建立，对风险进行更简单明确的描述，提高企业风险监控能力。

6.1.1 两类社会网络关系的属性

1. 结构洞的信息和控制特征

根据结构洞理论，一个开放结构网络和弱关系，通过提供信息和控制可以为中间人创造竞争优势，因此，结构洞能为人力资源外包提供异质信息并方便控制，但同时缺乏信息或者控制也带来了相应风险。

在所有其他都保持不变的情况下，一个大的且多样性的、没有冗余接触的网络更加容易获得新的信息，及时性更强、参照内容更广；通过创造人力资源外包网络中的结构洞，人力资源部门处及时进行员工信息处理，并有助于解决人力资源外包中潜在的冲突或者风险，但若人力资源部门利用中间人的有利地位控制信息甚至有意隐藏信息，则可能带来信息不对称风险。

另外，结构洞使中间人占据了控制地位，由于外包功能已交给企业外部执行，如果企业不能够进行控制，外包将在功能上失控，这将是与结构洞相关的风险。

2. Simmelian 连接的信任与合作性质

与结构洞不同，Simmelian 连接更注重基于信任与合作的关系理性，认为闭合结构可以增加人力资源外包的有效性。人力资源外包三方彼此联结并稳固加强，其结果必定受到彼此关系的影响。

Simmelian 连接通过信任和合作在提高网络安全管理有效性方面具有优势，反之，缺乏闭合结构和强关系，将带来相关风险。通过在外包项目中的员工与人力资源供应商之间建立一种相互连接，这种强联结通过提高公平感和合法性、减少误解，从而可以强化合作各方之间的信任关系，约束人力资源外包活动。

另外，闭合结构减少了个体权利，有助于参与方减少监督成本，这一点由于提高了网络收益，使得参与各方能够预期共同活动的有效性；同时，闭合结构使得参与网络比不参与网络更能带来声誉。因此，闭合结构将更促进合作。

但闭合结构的风险也是显而易见的，由于闭合结构使中间人的中间控制地位被削弱，因此企业人力资源外包过程失控的风险就会与之俱来；其次，由于强关系带来的建立小团体、限制机会资源的共享、利用关系寻租等关系问题，在管理过程中比较容易带来各种执行风险。

6.1.2　人力资源外包关系风险及其权变分析框架

根据上述理论，人力资源外包风险与网络结构有关。现有文献认为，当组织采用人力资源外包战略时，人力资源外包关系至少包含三方：人力资源部门、员工以及外部人力资源服务供应商。因此，外包社会网络既可能存在闭合结构、也可能存在开放结构，这为分析人力资源外包风险带来了困难。

人力资源外包管理的阶段研究为我们打开了思路——人力资源外包的不同阶段，存在不同的社会网络结构，这样，就有可能存在权变的风险分析结构。根据上面简化的三阶段，我们给出该权变分析框架如图 6.1 所示。

1. 决策阶段的结构洞风险

在决策阶段，人力资源外包网络以开放结构为主。通过创造人力资源外包网络中的结构洞，人力资源部门处于中间人的位置，他们凭借弱关系服务于人力资源服务供应商与员工,因而可以减少他们之间的一些不必要的接触。在此情况下,来自人力资源服务供应商和占据开放的三角人力资源外包网络两个终端的员工的信息可以及时地流向人力资源部门,其有助于利用这些信息评估人力资源外包的可行性。

决策阶段的结构洞风险		选择阶段的信息-控制风险		执行阶段的控制风险
信息不对称使人力资源部门很难避免决策风险		中间人有意操控或者是参与方滥用信任,将会产生风险		滥用信任、产生质疑带来的风险

图 6.1 外包关系风险

研究者们已经注意到弱关系可以使企业人力资源部门持续获得更多更新更广泛的人力资源建议和策略,使人力资源部门可以有效地更新其人力资源信息和知识,以及及时获得来自外包群体中员工的反馈,从而使决策更准确和优化,否则,信息不对称将使人力资源部门很难避免决策风险。但是如果中间人有意控制信息,则将会有较大风险。

2. 选择阶段的信息-控制风险

在选择阶段,人力资源部门已经确定了外包战略,也获取了外部商及员工的相关信息,此时,外包虽未正式建立,但一些非正式的接触已经开始。因此,此时网络结构既存在开放结构,也存在闭合结构。从风险角度,选择阶段既存在弱关系相关风险,又存在强关系相关风险。

一方面,这一阶段外包网络具有结构洞特征。人力资源外包网络中,人力资源部门处于中间人的位置,他们凭借弱关系联系人力资源服务商与员工,开放结构可以减少他们对企业外包选择的干涉风险。

这包括人力资源部门可以自由地选择人力资源供应商而不会遇到来自他们的

联合抵制。结构洞中中间人的位置，能有效减少来自人力资源服务商和员工的谈判阻力，降低人力资源部门选择阶段的风险。与上面同理，如果中间人有意操控，还是存在较大选择风险。

另一方面，这个阶段网络也可能具有 Simmelian 连接的特征。因为备选服务商和员工已经经过一段时间的了解，理论上闭合结构有可能形成。此时需要双方进行高质量的合作，在互信的基础上达到双向选择的目的。

从社会网络视角看，因为高度相互连接的参与方必须依赖相互调整以达成他们的任务，这可以预期那样的群体会展现出高质量的非正式的社会过程，在这社会过程中将伴随强规范支持的高水平的合作和努力以达成共同的目标。

于是，具有信任关系的网络的这种联系能够使得各方促进并受益于合作。因此，人力资源外包网络的 Simmelian 连接更有可能提升双向选择效率。但是，如果参与方滥用所产生之信任，则将存在较大选择风险。

3. 执行阶段的控制风险

在人力资源外包的执行阶段，因为三方的闭合结构已经形成，这一阶段，Simmelian 连接是网络的主要特征。由于外包改变了雇佣关系的执行，有可能激发员工消极心理反应，诸如低承诺、无纪律或提前退休。Simmelian 连接所带来的信任能有效弱化员工的误解或不信任。

但是，如果参与各方滥用这种信任，则会产生各种风险，这包括员工对人力资源外包商提供奖励公平性、合法性的质疑，而 Simmelian 连接所产生的信任使得人力资源外包各方凭借良好的沟通合作，有效处理各种执行风险。

利用图 6.2 所示，我们将上面的论述，表述在一个简单的概念模型中。

凭借这样的分析框架，我们在后面的案例研究中，针对一个具体的人力资源外包网，尝试梳理出人力资源外部关系风险的内容结构。

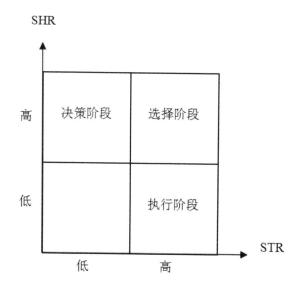

图 6.2　不同人力资源外包阶段的关系风险结构模型

注：SHR 表示结构洞风险，STR 表示 Simmelian 连接风险。

6.2　人力资源外包风险的主要来源

本文对人力资源外包风险因素的识别可以分为两个部分：风险来源分析以及风险类型分析，其中根据风险的来源可以将风险识别为外包商风险、企业风险以及外部环境风险，如图 6.3 所示。

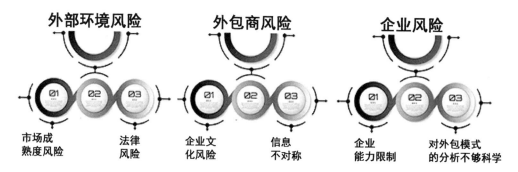

图 6.3　人力资源外包风险的主要来源

6.2.1 外部环境风险

企业进行人力资源管理外包所面临的外部环境风险包括下述各点。

1. 市场成熟度风险

我国对于人力资源管理的研究起步较晚，人力资源外包市场的发展起步更晚，目前尚未形成良好的自我调节功能。人力资源外包市场的变化会对企业和外包服务机构造成较大影响。而对于国外的人力资源外包机构而言，由于经济文化方面的差异，可能无法与国内的中小企业进行良好的合作。

2. 法律风险

我国目前对于人力资源外包行为的法律环境还不具备，缺少相关法律条文用以规范和完善外包机构以及企业在人力资源外包活动中的行为，只能通过国内外知名人力资源外包机构的经验来进行相关行为的管理。在这种大环境下，一旦企业或者外包机构出现相关的信息安全问题、劳资纠纷问题等，就会出现较严重的法律风险。

6.2.2 外包商风险

来自外包商的风险主要包括下述几点。

1. 企业文化风险

企业与外包机构都有其独特的企业文化，在公司创立之后经过长期的发展形成了各自的做事风格以及价值取向，在企业引入人力资源管理外包，将相关职能委托给外包机构的过程中，必然会发生企业与外包机构之间的文化冲突。

相对而言，在外包实施的初期表现出的文化冲突更容易解决，反而是一些没有立刻表现出的冲突，随着双方的合作深入，这种文化冲突就会在双方的合作过程中产生诸如沟通障碍、管理效率低下等问题，严重影响双方的合作，降低人力资源外包的效益。

2. 信息不对称

参与人力资源管理外包的双方在合作目标、思维方式以及工作管理风格等方面都可能存在较大的差异，因此无论是在外包决策制定阶段还是外包模式实施阶段都可能产生较为严重的信息不对称问题。决策过程中对外包机构信息的了解不足可能导致企业选择错误的外包商，而实施过程中外包机构的机会主义行为也会产生外包服务质量下降以及关键信息隐匿等风险。

6.2.3 企业风险

企业自身的风险多源于企业自身能力的不足。

1. 企业能力限制

企业在决策、谈判、合同管理、环境适应以及行为监控等方面出于自身能力的限制，往往会出现错误决策、谈判失误以及过程监控不到位等问题。

2. 对外包模式的分析不够科学

企业在选择引入人力资源外包模式之前，应当对模式进行谨慎科学的研究，结合自身实际情况确定企业确有人力资源外包的必要，并估算出人力资源外包产生的成本以及可能收益，然后通过对企业职能的分析剥离出一部分适用于当前企业现状的外包职能。企业不应该因单纯效仿原因进行人力资源管理外包模式的引入。

外包并不意味着放弃责任，而是更应该对外包商的工作进程不断地进行监控和评价，以保证目标的实现。

为了使人力资源管理外包实现预期目标，就要对整个人力资源管理外包过程实行风险管理,通过预测和分析可能发生的潜在风险,最大限度地规避风险,制定控制风险的管理措施,有效控制风险的发生和转移风险。

6.2.4 人力资源外包风险及其两种关系来源

根据 Burt 结构洞理论,一个好的结构网络通过提供信息和控制可以为中间人创造竞争优势,因为在所有关系中他们自身不会有联系,而必须通过结构洞中的中间人才能与其他各方发生联系。具体示意图如图 6.4 所示。

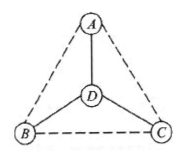

图 6.4 结构洞关系示意图(虚线代表弱联系,实线代表强联系)

1. 结构洞与人力资源外包风险管理

接下来,本文将探讨信息和控制益处如何通过人力资源外包网络中的结构洞有益于人力资源外包风险管理。

在所有其他条件都保持不变的情况下,一个大的且多样性的、没有冗余接触的网络是有可能带来更多信息好处的,也就是说,更加容易获得有价值的信息,而且更早接触到、更多参照。

相反,对于中间人而言接触是冗余的,因为在开放的三角网络的两个终端可能是参与方之间的直接关系,或者除了中间人,他们共享一个共同的接触。这种冗余降低了信息的有效性,因为这种信息没有必要流向中间人。

于是,Burt 提出,每个中间人可看作为一个更大群的接口,通过确保在缺乏联系且相互间没有共同接触的两个终端中的参与方之间的直接连接。因此,这样的网络将为中间人最大化结构洞和信息的益处。

当企业决定把传统的内部执行的人力资源活动交给外包服务提供者，目的是获得更高质量的人力资源服务或者更低的成本时，他们同时要重新确定组织边界和重新塑造组织结构。

这些变化涉及内部人力资源功能的减少，以及不再期望从人力资源部门获得及时的有价值的信息。反而，与人力资源外包相关的丰富信息来自外部人力资源服务供应商和通过外包的人力资源功能服务的内部员工。

通过创造人力资源外包网络中的结构洞，人力资源部门处于中间人的位置，他们凭借弱连接服务于联系人力资源服务供应商与内部员工，因而可以减少他们之间的一些不必要的接触。

在此情况下，来自人力资源服务供应商和占据开放的三角人力资源外包网络两个终端的内部员工的信息可以及时地流向人力资源部门，其有助于解决人力资源外包中潜在的冲突或者问题。

例如，研究者们已经注意到弱连接可以促进持续的和更广泛的人力资源建议和策略从服务于外包的内部员工和人力资源服务供应商流到人力资源部门，通过其人力资源部门可以有效地更新其人力资源信息和知识，以及及时获得来自外包群体中内部员工的反馈。

相反，如果人力资源服务供应商和外包项目中的内部员工有强连接，一些可能对人力资源外包项目很重要的信息不一定必须流向人力资源部门，尤其是人力资源副总经理，因为供应商和内部员工可能有意地隐藏了问题，或者他们可能忽略了信息的重要性。

这些建议和反馈对于人力资源外包风险的管理是有益的，因为他们可以帮助人力资源部门判断供应商服务的质量和做出任何需要的调整。因此，人力资源外包网络中的结构洞通过最大化信息流向人力资源部门，以确保外包的人力资源项目的质量和效率，可以提高人力资源外包风险管理的有效性。

Burt 注意到，网络中的结构洞也可以使中间人产生控制益处。当他方与各方之间具有弱连接或没有关系时，中间人可以发挥一方隔开其他各方的作用，并且因此处于最强谈判的位置。

相反，当他方可以共享信息时，中间人的谈判地位就是弱的。因此，在一定程度上，各方分别与中间人之间尽管通过结构洞隔开，但是中间人的谈判权利是最大的。结果是，在三角网络中其他两个参与方之间的结构洞使得中间人具有控制地位，无须与网络中的其他各方谈判太久，因而能够有效地实现功能。

实际上，控制人力资源服务供应商的权利对于有效控制人力资源外包风险是非常重要的，因为其支持战略的执行和灵活性。如果这一权利没有掌握，人力资源部门将面临失去其身份和控制外包项目的风险，因为外包的人力资源功能不再是由内部执行的。

为了降低这种风险，人力资源部门应该保持财务和战略控制以确保人力资源供应商的服务质量。财务控制涉及客观的标准，例如用于评价外包人力资源服务的支出的回报。通过占据结构洞中中间人位置，人力资源部门可以从外包项目的内部员工处获得有关人力资源供应商服务质量的信息。人力资源部门因此可以有效评价强加于人力资源供应商的客观标准，并保持外包人力资源活动的效率。

另一方面，战略控制涉及使用战略相关的标准，例如灵活性和创新性以验证人力资源外包的战略效果。如果在外包项目中内部员工与人力资源供应商不存在紧密的关系，人力资源部门可以很容易地赶走人力资源供应商而不会遇到来自他们的联合抵制。

结构洞中中间人的位置通过来自内部员工、有更少谈判阻力人力资源供应商，也确保了人力资源部门可以执行已确定的功能。因此，人力资源部门的这种控制权力通过处于人力资源外包网络的中间人的位置而得以提高，这可以通过提高外包人力资源活动的质量、效率和灵活性来改善人力资源外包风险管理的有效性。

2. Simmelian 连接与人力资源外包风险管理

人力资源外包风险管理的有效性不仅基于增加的价值(人力资源系统有效性的经济上的合理性)，而且还基于道德价值(就社会合法性和对员工的公平性而言，人力资源系统有效性的关系合理性)。通过 Simmelian 连接建构的闭合三角网络可以显著改善人力资源外包风险管理的有效性，尤其是有关关系合理性维度。

Burt 将相互联系的连接视为不利的，因为例如内部员工与人力资源供应商这一群体是冗余的接触，而 Krackhardt 恰恰认为这是具有优势的结构，因为所有的参与方是"Simmelian 连接"。当结构嵌入网络，人力资源外包关系得以创建，其中人力资源部门、人力资源服务供应商和内部员工彼此连接在一起，他们之间的关系得到稳固加强，因此参与方的活动和结果受到彼此成对关系的影响。

Simmelian 连接通过信任和合作在提高网络安全管理有效性方面具有优势。闭合的三角网络中的全部三方共享一个强连接，从而减少了每个成员追求个体活动的能力，因为在三角中的多数可以票数胜过任何个体。因此，这闭合的三角结构，减少了个体性和个体的权利，有助于参与方减少监督成本，促进了合作，改善了网络适应性，其中每个参与方预期能够有效改善共同活动和那些连接在一起胜过那些没有连接在一起的所带来的声誉。接下来，本文将探讨人力资源外包关系的闭合的三角结构如何通过实现 Simmelian 连接在信任和合作上的优势，改善人力资源外包风险管理的有效性。

首先，机会主义行为所产生的成本可以通过提高闭合的三角网络中的信任得以避免。此时外部合约方提供的人力资源服务，企业必须依靠市场治理以确保人力资源外包风险管理的有效性。这种间接的关系总是引致更高的预先付款成本以满足外包项目的奇特要求，或者在企业内部建立统一的规则的成本与避免供应商的机会主义行为。

幸运的是，通过在外包项目中的内部员工与人力资源供应商之间建立一个相互连接，这种强连接通过强化信任约束了人力资源外包活动。Simmelian 连接促进了谁可以信任谁，谁更有可能与谁合作。于是，高水平的信任减少了监督和执行合约的成本。人力资源部门建立一个可信任的人力资源外包关系将因此减少人力资源服务中内化资产专用投资的需要，与此同时减少了控制系统的花费。

其次，外包改变了雇佣关系的执行，即在大多数人力资源外包项目中，内部员工功能上通过相应的人力资源服务供应商管理和服务。这可以激发员工的消极心理反应，诸如低的承诺、无纪律的态度或者提前退休。

因此，尽管人力资源外包供应商可以为公司提供更高质量的人力资源服务，但是由人力资源外包产生的积极影响可以被员工的误解或不信任或者组织系统所抵消。

再次，例如，被服务的内部员工可能质疑由外部人力资源供应商提供奖励的公平性，因为供应商并没有参与职场中的管理过程，而且可能没有直接了解他们的绩效。源于员工与人力资源供应商之间不确定的这种困境可以通过建立在他们之间的 Simmelian 连接来减轻。通过降低不确定性，信任使得人力资源外包参与方依靠坦率的沟通和在危机时机的合作努力，人力资源部门因此变得处理问题更加有效。通过 Simmelian 连接带来的可持续和值得信赖的关系可以因此促进人力资源外包网络中的公平性和合法性，提高人力资源外包风险管理关系的合理性。

最后，Simmelian 连接在促进人力资源外包网络中的合作也有优势。为了提高组织有效性，创新来自促进组织适应性的不确定性。然而，如果参与方担心其他各方将在不确定中过分地利用他们，变革和创新将更加困难。

相反，嵌入在信任关系网络中的企业将愿意接受更大的风险并在职场上更加积极进取，这将给予他们一种人力资源有效性竞争优势。从社会网络视角看，因为高度相互连接的参与方必须依赖相互调整以达成他们的任务，这可以预期那样的群体会展现出高质量的非正式的社会过程，在这社会过程中将伴随强规范支持的高水平的合作和努力以达成共同的目标。于是，具有信任关系的网络的这种联系能够使个体促进并受益于相互的内外合作。

因此，人力资源外包网络的 Simmelian 连接更有可能导致联盟的形成，提升人力资源供应商的作用，从只是服务的提供者变成为战略的企业伙伴，使企业改变并减轻与企业相关的风险负担和不确定性。在 Simmelian 连接这种情况下，存在由信任激发的关系合理性，以及有效创新的经济合理性也预期可以改善人力资源外包风险管理的有效性。

6.3 这些方法，助你有效识别人力资源外包风险

为了防范人力资源外包中可能出现的风险，我们不光研究存在风险的理论原因，更应该采用科学的数据采集，来分析那些风险出在什么地方。如果说理论只是一种推测，那么数据就是最不会骗人的事实。采用数据识别的方法有很多种。

6.3.1 统计模拟法

统计模拟法是利用计算机系统基于概率论对随机数进行模拟，从而计算出问题的分布概率。本文利用统计模拟法可以根据随机函数模拟人力资源外包各种风险的概率分布。

算法执行步骤如下所述。

- ☑ 对人力资源外包风险数据进行收集，估算各因素的分布函数并设定相关变量参数。
- ☑ 对各种风险因素进行数学建模。
- ☑ 对不确定性进行组合，从而确定合理的模拟次数。
- ☑ 利用计算机产生随机数。
- ☑ 计算状态函数值，即随机事件的样本值。
- ☑ 重复计算，得出各种不确定组合下的结果。

☑ 根据计算结果集合分析风险因素的变化规律，并将结果进行统计，形成风险因素的频率分布图，从而得知各种风险因素的发生概率。

☑ 根据统计结果执行相关决策。

6.3.2 风险矩阵法

风险矩阵法是一种较为简单的风险评估方法，这种方法具有定性分析与定量分析的双重优点，可以应用于人力资源管理外包的风险分析，评估潜在人力资源外包风险。风险矩阵法可用于风险影响评估、风险概率计算以及风险等级评定，根据风险矩阵的评估结果制定相应的风险监控以及风险处理措施，可以有效抵御系统可能产生的各种风险。

该方法由美国空军电子系统中心(ESC)发明并在中心的大量项目中进行了广泛应用。有国外的专业软件公司开发了风险矩阵应用套件，可以根据输入数据完成风险概率计算以及等级评定等。美国空军电子系统中心所建立的原始风险矩阵包含需求、技术等7个栏目，如表6.1所示。

表6.1 原始风险矩阵表

需求	技术	风险	风险概率	风险影响	风险等级	风险管理
对项目需求进行描述	需求对应的技术要求	描述具体风险	分析风险发生的概率	风险可能造成的影响分析	根据发生概率和影响综合计算出风险等级	风险管理战略

(1) 该方法对风险发生的概率进行了等级划分(0～10%、11%～40%、41%～60%、61%～90%、91%～100%)，每个等级的解释性说明如表6.2所示。

(2) 该方法对风险影响也进行了等级划分(关键、严重、一般、微小、可忽略)，每个等级的解释性说明如表6.3所示。

(3) 根据风险发生概率等级和风险影响等级构建二维风险矩阵，形成直观的风险等级表，如表6.4所示。

表6.2 风险发生概率的说明表

风险概率	说 明
0~10%	基本不会发生
11%~40%	不可能发生
41%~60%	可能在项目中预期发生
61%~90%	可能发生
91%~100%	发生可能性极高

表6.3 风险影响的等级说明表

风险影响等级	说 明
关键	直接导致目标失败
严重	导致相关目标指标显著下降
一般	导致部分目标实现受影响
微小	轻微影响部分目标实现的效率
可忽略	基本不会影响目标实现

表6.4 风险等级对照表

风险范围 \ 风险等级	可忽略	微小	一般	严重	关键
0~10%	低	低	低	中	中
11%~40%	低	低	中	中	高
41%~60%	低	中	中	中	高
61%~90%	中	中	中	中	高
91%~100%	中	高	高	高	高

(4) ESC制定的原始风险矩阵图可以根据风险影响水平和风险发生概率给出事件的风险等级,过程简洁明快,而且风险因素的种类并没有限制。

但是,在模型的实际应用中,往往发现具有相同风险影响水平的两个风险可能具有完全不同的重要程度,因此,为了使风险矩阵模型更加准确,需要对相同风险水平的风险因素进行细化,并进行模块化划分形成风险节。由于风险节的数量较多，ESC 在原始风险矩阵中引入了 Borda 算法用来进行一些风险节的过滤。

该算法最早用于解决投票选举问题，由 Borda 在 1784 年提出。Borda 算法可以有效地减少多数表决制可能产生的错误决策。质疑简单的多数表决制，认为它无法产生正确有效的决策。后来阿罗等人也研究此方法，并称之为 Borda 选择函数方法。

Borda 法的基本思想是通过比较 p 位评估者所给出的对 n 个被评估对象的优序关系，最终确定 n 个被评估对象的 Borda 分，根据 Borda 分的大小由高到低排序。它是一种基于方案排序的方法，即：依照每个决策者对方案集 X 的优劣顺序，分别赋予(n-1)分、(n-2)分至 0 分排在第 1 位、第 2 位至第 n 位的方案，把 $x_j \in X$ 在决策者 P_k 中的得分定义为函数 $b_k(x_j)(j = 1, 2, \cdots, n; k = 1, 2, \cdots, p)$，求得每个 $x_j \in X$ 在各个决策者 P_k 排序中得分的总和就是 x_j 的 Borda 选择函数，记作 $b_k(x_j)$。于是，可得：

$$b(x_j) = \sum_{k=1}^{p} b_k(x_j) \tag{6.1}$$

根据 $b(x_j)(j = 1, 2, \cdots, n)$ 从大到小的顺序得到多人决策群体对方案集 X_j 的优劣排序。方案 $x_j \in X(j = 1, 2, \cdots, n)$ 的 Borda 选择函数值 $b(x_j)$ 等价于认为 x_j 优于所有方案 $x_i \in X$ 的决策者人数之和。于是，又可将 Borda 选择函数定义为：

$$b(X_j) = \sum_{k=1}^{p} \{k \mid X_j > kX_i\} \tag{6.2}$$

在一些决策问题中，需要区别多人决策群体中的各个决策者的重要性。因此，需要对第 k 个决策者赋予权重 λ_k，其中 $\sum_{k=1}^{p} \lambda_k = 1$ 且 $\lambda_k \geqslant 0 (k = 1,2,\cdots,p)$。记多人决策群体权重向量为 $\lambda = (\lambda_1, \lambda_2, \cdots, \lambda_p)^T$，于是，方案 $x_j \in X$ 的加权 Borda 选择函数可定义为：

$$b(X_j) = \sum_{k=1x}^{p} \lambda_k b_k(X_j) \tag{6.3}$$

Borda 方法的核心就是将各因素以投票方式排序，ESC 的研究人员为解决风险矩阵的问题，将投票理论的 Borda 方法引入风险矩阵中。应用 Borda 投票方法对风险进行评级能使风险节的个数减少,并且能够自动交叉检查风险矩阵分析出的风险等级。

6.3.3 SWOT分析法

SWOT模型是一种常用的风险评估模型,企业可以利用SWOT模型对人力资源管理外包策略进行风险评估。通过对企业内外环境中的机会和威胁的分析,结合企业进行人力资源管理外包的优势/劣势分析,为企业提供人力资源外包战略决策依据。

SWOT建模过程如下所述。

(1) 使用PEST分析法分析企业面临的机会、威胁,人力资源外包的优势以及人力资源外包的劣势。

(2) 将分析结果列入SWOT模型。

SWOT模型如表6.5所示。

表6.5 SWOT分析矩阵

外包优势	外包劣势
面临的机会	面临的威胁

SWOT分析的基础之上,形成SO策略、WO策略等四种策略组合(见表6.6)。

表6.6 SWOT分析矩阵

	优势S	劣势W
机会O	SO策略	WO策略
威胁T	ST策略	WT策略

企业应根据实际情况选择合适的策略。对于上述几种研究方法而言,统计模拟法已经在项目进度风险以及成本风险管理中广泛应用,但是,由于人力资源管

理外包活动涉及的风险因素较多,而且大部分风险因素都无法准确量化,因此该方法并不适用于判定企业人力资源管理外包风险。

在 SWOT 模型中,企业的能动性没有被充分考虑,企业完全可以采用寻找外部帮助或者发现新资源等方式对企业的优势进行改造,达成现实条件下无法达成的目标,因此,SWOT 模型对于企业人力资源管理风险的分析也不适用。

风险矩阵法由于操作简单、关键风险识别能力强,加之所需数据小、系统性强,比较适合企业人力资源管理外包的风险评估。因此,本文的研究也主要采用风险矩阵法进行风险的评估。

6.4 人力资源外包风险规避方法与策略

认真研究完可能存在的种种风险,又对各种数据做了详细的分析,那么在真正进行人力资源外包的过程中,应该如何规避上述的风险呢?这一节,我们来讲一下企业到底应该怎么做,才能在人力资源外包的过程中,避开风险,站到有利自己的一面(见图 6.5)。

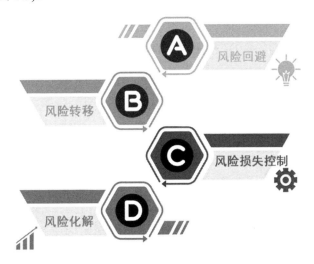

图 6.5 风险规避

6.4.1 风险回避

所谓风险回避，是指企业从源头上消除风险，遏制风险发展势头或者杜绝风险发生的可能，就是说企业对于一切可能产生损失的风险都要回避。比如，企业在选择外包服务供应商时，如果发现某些风险的存在，但是外包服务供应商不愿意与企业共同承担这部分风险，那么无论该外包服务商的其他条件多好企业都不应该选择该外包商，甚至在没有外包商愿意共同承担风险的情况下放弃外包模式的引入。

对于企业而言，放弃该外包商或者放弃外包模式，要比模式引入过程中的放弃的行为具有更低的风险，本质上是基于博弈的风险处理策略。需要注意的是，不是所有外包风险因素都应当采取此种策略，风险回避策略的应用要根据风险损失程度以及风险发生的可能程度进行评估，对于发生概率较高且风险造成的损失较大的情况，企业可以采取风险回避策略。

从本质上说，风险回避策略是一种消极的风险防范措施，对于企业而言，尽管通过风险回避策略可以避免可能的损失，但是企业也会因此失去获得效益的机会。企业在面临风险时，一味采取消极的应对措施，会对企业的发展壮大形成阻碍。因为可能存在的风险，放弃人力资源外包模式的引入可能带来的成本降低和人力资源管理效益的提高，对于企业而言也可能是得不偿失的。因此，企业在面对风险时，应当审慎使用风险回避策略。

6.4.2 风险转移

企业在面对人力资源管理外包风险时，可以考虑通过与外包商共担风险等形式实现风险的转移。事实上，企业人力资源外包模式的引入本身就是一种风险转移策略，将企业的人力资源管理风险转移给了专业的外包公司。注意，风险转移策略与损失转嫁是完全不同的两个概念，后者完全是一种损人利己的不道德商业行为。

企业通过选择风险承受能力较强的企业进行风险的转移，对于风险转移对象而言，由于其本身所具有的抗风险能力较强，因此企业转移的风险并不会对风险转移对象造成损失。而企业通过对风险转移策略进行一定的补偿，在减轻自身风险压力的同时也可以为风险转移对象带来一定收益。

6.4.3　风险损失控制

对风险损失的控制可以从预防和降低两个方面进行。

首先，企业应当为可能发生的风险制定预防措施，降低风险发生的概率，从而获得风险损失的预防效果。在本文中，企业选择引入人力资源外包模式必然会产生一定程度的风险，针对这些风险制定相应的预防措施可以最大限度地进行风险损失的事前控制。

其次，在风险已经发生的情况下，根据事先制定的应急措施对风险进行有效处理，可以防止风险损失的扩大化，将损失控制在一定范围之内。比如，在外包机构发生了信息泄露等情况，企业可以迅速行动起来，在最短时间内阻止信息的继续扩散，同时通过法律等有效途径遏制外包企业的信息泄露行为。

6.4.4　风险化解

企业的经营过程总是风险与收益并存，因此，积极化解人力资源管理外包过程的风险，在企业能力范围内追求企业利益的最大化才是应有的风险管理之道。

对于企业而言，风险管理是指企业通过对风险的识别、风险因素的量化以及风险等级的评价等活动，实现对风险的规划和控制，从而有效降低企业风险，增强企业应对风险的能力，有助于企业目标的实现。风险管理的目标是最大限度地降低风险发生概率、减小风险损失。风险管理是包含风险识别、分析、评价、处理以及监控的系统过程。

1. 风险识别

企业在进行人力资源管理外包模式的引入时,应当识别出实施过程中的风险源与风险因素,通过归类等方式对风险的性质进行鉴定。通过风险的识别尽量减少外包实施过程中的不确定性,发现可能导致外包风险的主要原因并作定性分析。

在风险识别阶段需要明确风险的来源以及风险的种类,可能的情况下对风险进行量化操作。因为风险本身所具有的可变性和不确定性,因此企业的风险识别过程是动态更新的过程。此外,企业对风险的识别除了依靠主观感知和历史经验外,还需要借助于统计学、归纳法等科学方式进行风险特征和规律的总结。

2. 风险分析评估

企业在完成风险因素的识别之后,需要对风险进行定性或定量分析,从而评估风险因素的发生概率、可能损失以及风险范围。风险分析评估阶段将风险识别阶段的基础数据进行加工,生成决策支持数据。风险分析评估的过程要注意从有利于管理决策的角度进行评价标准的制定以及风险影响的计算,从而为管理者进行风险处理提供操作建议。

3. 风险处理

通过对企业风险因素的识别、分析与评价,实现对风险概率、风险损失的计算,再结合企业的其他管理要素,对风险问题制定相应的预防措施,有助于风险的防范。

4. 风险监控

为了保证企业风险管理目标的实现,需要对风险管理的全过程进行监督管控。通过对比风险管理策略与实际执行效果之间的差异找到改善风险管理策略的依据，然后对风险管理策略进行调整，使之更加适合企业的实际情况。新问题以及原策略无法生效的问题都应当纳入风险监控的重点对象。

由于风险监控涉及的问题较多，而且各种风险的发生又极具复杂性和突变性，因此，国内外尚未形成可广泛应用的风险监控体系。然而，对于风险监控过程的监控标准、管理方法、风险预测等基本问题的研究已较为广泛，也较为深入。

第7章

人力资源外包未来趋势：企业如何紧跟时代做人力资源外包

随着越来越多的企业选择人力资源外包，很多中小型企业均不再设立人事部，即使有也没有完善、系统的管理制度，从而导致优秀的员工很难招聘、企业人员流动率高，这些都渐渐制约了企业的发展，而人力资源外包产业自身也在慢慢跟上企业发展的脚步，二者相辅相成，紧密结合，开创出一个新的局面。

7.1 新经济的发展带来雇佣模式的变化

有机构预测,未来的社会,随着传统工作岗位逐渐被智能机器所取代,自由职业者会越来越多。而中国已进入"共享经济"时代,例如美团等行业的崛起,也带来了非标准雇佣劳动关系以及从业人员的大量增加。根据数据显示,在国内最少有两千万人是从事非标准雇佣劳动关系的从业者。

尤其是像美团、滴滴、Uber、猪八戒网等大量平台都在为自由职业者提供就业服务,促使传统劳动力摆脱了从属于资本的旧有模式,人开始从劳动力商品向人力资本慢慢演变,社会整个就业市场更趋于灵活。

7.1.1 新经济的发展带来雇佣模式的变化

随着人力资源部门的工作任务和企业组织的分离,企业组织的边界正在被打破。大多数企业会将自己的非核心业务进行外包,这本身就是一种发展的趋势,也是避免风险的一种可行性手段。比如猪八戒网就成为大量美工设计人员和IT开发者寻找业务的来源地,有服务需求的企业通过平台将工作任务发布,自由工作者自行从平台接单完成任务后并获得报酬。

中国的传统的人力模式是劳动者与企业之间是基于劳动关系的一种协作,当这个关系基础被重构时,传统人力资源服务的模式必将被改变。怎么样有效联通自由职业者和企业需求是未来人力资源服务的终极目标,在这个过程中人力资源服务商要能够提供寻找、匹配、考核、管理等服务才能体现价值获得收益。

所以说,未来的人力资源服务不仅是为企业服务,更主要的是为自由职业者服务。

7.1.2 新的人力资源政策走向

2014年3月1日,《劳务派遣暂行规定》正式施行以来,中国的劳务派遣业务就开始受到极大限制,很多企业使用的派遣用工的模式已经完结,这是不争的事实。

未来,"互联网+社保"2020规划和五证合一的落实,只会大大压缩传统人力资源服务的社保代理的业务空间。数据联网和个税修订将让企业和个人都能非常简易地参保,现行的许多企业不规范的参保方式,都会得到有效监管,社保代理业务,将彻底被剥夺市场空间。

现行的劳动法,主要以促进劳动力流动,降低用工企业的用工成本为主,鼓励灵活就业以及鼓励自由职业者在企业间流动。

7.1.3 新技术带来的不确定性

在过去的几年中,最吸引眼球的当属AI智能技术的发展。不管是谷歌公司的阿尔法狗(Alpha Go)战胜人类,还是整个制造业热炒的智能制造,AI技术本身飞跃式的发展和表现,都夯实了未来工业生产的基础。机器取代人工已成为发展的大趋势。

国内知名的制造企业,都已经将机器人技术大规模应用于生产。而我国本身就是一个制造业大国,当人口红利消失之后,制造企业难免面临招工、管理以及留人的问题。有关数据显示,我国企业2016年增购的机器人多达26万台,机器人代替手工制造,未来由人工智能可代替的岗位将从9%上升到47%,也就是说,将会有一半的工作岗位由机器人来代替人工。

未来基于大数据分析下的简历、面试、试用的人才甄别流程可能会被颠覆,每个人的日常生活轨迹都会被记录,许多岗位的匹配将会通过大数据为基础来进行分析。特别是对于自由工作者来说,他们的每一次工作任务交付都会积累数据,以此来决定市场需求和符合条件的自由工作者之间的匹配。

7.2 中国产业升级的变化带来劳动力转移

由最近发布的《2017—2018年度蓝领招聘市场白皮书》称,国内传统制造业的用工缺口继续呈现扩大的趋势,中国的劳动力转移开始进入第三阶段,在新的产业结构调整的大势推动下,一些蓝领群体开始从制造业向服务业转移,加剧了制造业用工荒。不光是企业对人力资源的需求在变,一些劳动力本身,对岗位的要求也在变。

7.2.1 中国产业升级的变化带来劳动力转移

实际上,国内劳动力很早就已经开始出现区域性转移的态势,一些人从传统的沿海地区逐步回乡。而服务业里面的蓝领阶层都散布在都市圈和城市圈里面,在用工需求上,企业的用工也不再只是单纯的需要提供普通员工,而更希望拥有专业技能更好和学历更高的人才。

另一个显著的现象是,美团、滴滴等平台提供了大量灵活的就业岗位。数据显示,2018年是送餐员、专车司机以及快递员大发展的一年,其中外卖小哥的增长最快,满大街都是骑着电动车穿街走巷的外卖小哥。这些热门职位,也成为高薪职业,与一般制造业的蓝领收入相比并不少,而且就业还更灵活。

近十年来,我国人力资源服务最主要的形式就是劳务派遣,特别是对制造业企业的派遣工。在产业升级劳动力转移的大趋势下,以前的劳务派遣显然已经开始没落,顺应市场需求的变化,找准用工增长的爆发点,才是人力资源服务企业需要关注的重点。

比如上海仁联集团顺应中国餐饮O2O的迅速增长,就餐饮外卖快递员做了专项外包业务。表 7.1 和表 7.2 对仁联集团设立外卖快递站点实现专项外包的业务做了分析。

表 7.1 新站点首次投资（700 单/日为模型）

品 类	单位(元)	单价(元)	总额(元)	第一季度(元)
电脑	2	3000	6000	
办公桌椅	3	300	900	
骑手物资	35	300	10500	
保险	35	200	7000	
站点办公	1	6000	6000	24000
员工宿舍	2	6000	1200	48000
电动车租赁	35	150	5250	15750
合计			112150	

成本收入分析如下。

表 7.2 单个站点的月交易额与工资成本

项 目	单 位	工资成本	交 易 额
日单量	700		203700
天数	30		
单均收入	9.7		
配送员	35		
配送员每单价	6.5	136500	
管理人员	2	1200	
合计		148500	203700

从上面的表格中可以看出，单月毛利为 55200 元，第一季度投资为 112150 元，而第一季度可实现盈利为 53450 元。而这样的外卖站点，仁联集团在上海一共设立了 12 个，年盈利可以达到 200 万元。

只有紧跟行业的变化趋势，改变旧有思路，敢于创新专业化的外包服务，人力资源服务行业在产业转型升级中才能找到新的商机。

7.2.2 企业组织变革

从"拆分人力资源部"理论,到"人力资源三支柱"在企业人力部门的实践,企业自己也已经越来越多地开始进行组织变革。

我们说中国改革开放的前三十年,只是靠工业化以及制造业在拉动经济发展,而基于传统工业化的人力管理概念,大多都是以等级为基础的层级式的管理模式。这种模式从上到下,层级清晰,管理者权力大,任务一级级指派,等级森严。

但是,随着产业升级转型,以及新生代劳动力的出现,传统的人力管理观念已经不适合劳动力发展的需要了,这就必然需要改革,以便更好地服务"90后"新劳动力们的需求。许多企业,已经开始从原来的正三角形组织形态,向倒三角形转变(参见图7.1)。

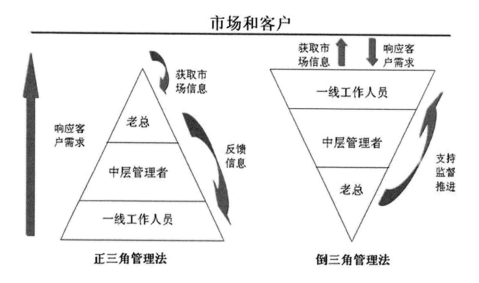

图7.1 正三角形形态和倒三角形形态对比

我国传统的人力资源管理部门的服务习惯,都是只关注组织顶层,由顶层来决定如何管理员工。而顶层主要考虑的是成本以及效率,很少有人关注员工的需求。当企业变革之后，人力资源的管理规则和运行是需要为基层员工服务的。员工就不再仅仅是企业的生产资源，转而变成具有和货币同等甚至更重的资本。如此，就从简单的劳动力，转变成了劳动力资本。在租金员工创造价值的工作中，企业追求的不再是在既定规则下创造价值，而是看中员工的动力和创新能力。

所谓的"人力资源三支柱"模型就是以此为核心目的而诞生的。所以人力资源服务要顺应企业变革进行改变，帮助企业更好地关注员工，而不仅是管理员工。甚至可以在深入企业组织的业务流程中，提供优化的解决方案。这样的人力资源服务才能最大化体现价值，获得收益。

7.2.3 企业对人力资源外包服务的终极需求

企业只有选择外包服务，才能关注自身的核心业务，从而减轻事务性业务的压力。而人力资源外包的追求，无非是想通过外包来找对的人来完成企业的既定任务。

例如，在电商时代，2016 年"双十一"当日，某男装品牌服装旗舰店销售额超过 3.2 亿元；其旗下童装旗舰店销售 2.3 亿元，分别位列天猫男装类目第二和童装类目第一。而这个品牌的正常客服只有 70 人，为了应对"双十一"，另外使用了 1500 人的外包客服团队。

其实，近年来很多电商企业的客服，都采用外包的形式运营。就像在"双十一"期间，为了实现既定目标，使用外包团队的人数往往是平时客服人数的几倍。这么大量的外包客户管理，如果是由企业独自完成，不仅是对企业招聘能力的考验，更需要企业花费大量的时间和精力来培训、培养。

企业对人力资源外包的需求已经超过了传统人力资源能提供的价值，外包服务发展的方向，也必然呈现垂直化和细分化，而外包服务商，只有为企业提供"最小可行化"解决方案，才能解决企业最大的痛点。

只有外包商提供的方案全面覆盖企业所有的业务环节,深入企业的业务流程,达成了预期的目标,才能让企业有足够的信心将更多的业务进行外包。

7.3 外包需要细分行业深耕

人力资源外包兴起于国外,相应地国外企业在这一领域的研究也走在国内企业的前列。我们从国外大的人力外包服务企业的案例中,可窥一斑而知全豹。通过具体地分析案例,探究一下大企业在人力资源外包上的变化。

7.3.1 万宝盛华的案例

万宝盛华的副总裁张锦荣先生做过一次主题为《创新的陷阱》的演讲,万宝盛华是一家全球性的人力资源服务商,在全球82个国家拥有分支机构,在人力资源外包领域,可谓行业领导者。

他首先讲到"当前企业创新的空间已经不在行业领先者已占领的优势区,而在于行业发展转型的结构空白区。在'互联网+人力资源'模式大行其道的现在,万宝盛华并没有盲目地进行大刀阔斧的业务模式改革,而是从内部组织进行变革。"

这一点,我已经在上文提到,现代企业已经开始进行组织变革,企业从购买雇员劳动力产品转为与雇员合作,最大化开发人力资本。

万宝盛华在经过三年的合伙人制度试验之后,确定了合伙人制度是能够有效增加企业效益的。万宝盛华的理念,其实是参考了华为的组织模式,在公司内部搭建"人力资源三支柱"系统,让企业内部能够共享资源。通过合伙人制度,华为把单向的自上而下的管理变革成内部相互合作,乃至于对赌机制的竞争市场。

张锦荣先生从流程再造的角度分析了这种合伙人制度系统的运营结构:首先找出影响客户选择关键竞争要素为第一目标,其次,把这些要素转化成内部需要实现的单个流程指标，最后把流程落实，保证让以最后利润为目的的关键性业务落地。流程带来了六大变革。

- ☑ 流程打破了企业内部各部门间的壁垒，不同部门之间必须紧密合作。
- ☑ 梳理各项业务的流程，将其标准化；让数据和系统同步，使数据信息流可以实时监控。
- ☑ 业绩从各个部门分拆管理到组织整体的管理，即点对点的业绩管理；考核时使用更广泛的衡量指标，而不仅是部门的指标。
- ☑ 通过流程标准化梳理，推行实时的商业报告编制，智能化地编制商业报表，实时反映经营状况。
- ☑ 打造以技术为主导的解决方案，达到流程自动化，消除业务流程的瓶颈并提高效率。
- ☑ 制定严格的合规标准，使用新的 IT 系统，提高 IT 配置，实现成本降低和效率提升。

合伙人制度设计的核心就是薪酬设计，这是万宝盛华在推行合伙人制度过程中的总结。张先生在演讲的最后提到，万宝盛华的转型并非是创新，而实际是"守拙"，守住万宝盛华的优势、提升自己的优势地位。

7.3.2 英格玛的案例

同样的，英格玛人力集团也是大型的人力资源服务企业，其创始人庄志先生做了以《外包商机，黄金十年》为主题的演讲。

过去十年，是我国人力资源外包服务行业的第一个春天，这个春天就是劳务派遣。他认为，未来的十年同样是"外包"的春天，但是老派派遣难免没落。英格玛从 2014 年开始，就确立了"打造中国制造外包第一品牌"的目标，对于业务外包服务和传统的人力资源服务，英格玛都是十分清晰的。外包能为客户创造更大的价值，给企业带来更高的黏着度和利润。

同样的，为了更好地为客户服务，英格玛设计了研发中心，同时与苏州科技大学合作，成立人力资源研究院以及内部研究团队。通过长期的专业研究，英格玛打造出外包服务的两大核心竞争力，一是机制的现场管理和无敌的外包铁军。如今，英格玛的外包服务人员已经超过十万，外包利润更高达50%，就连企业自身，也正在筹划上市。

英格玛的案例启示如下：外包是人力资源服务延续辉煌的重要模式；外包需要细分行业深耕，打铁还需自身硬，必须构建完整的理论体系。

7.4 "互联网+"是人力资源服务转型的良机

7.4.1 洞察为客户提供什么服务

人力资源服务商必须紧跟经济发展和企业转型的速度，才能更好地生存下去。现在很多岗位和和组织形式，放在两年前，也许大家听都没听说过。但是随着经济的发展，很多传统行业的模式已经被打破，一些个性化需求越来越受欢迎，尤其是一些个性化定制，都是跟着经济发展和虚拟经济一起变化的。

比如，几年前我们听都没听说过的"外卖骑士"，乍一听，还以为是骑兵。但是今天，你在大街上再碰到穿着黄色马甲的外卖小哥，再也不会惊奇了，这主要是外卖员太多的缘故。即便外卖员已经很多了，但仍然供不应求，各大网站依然还在不断发布信息招聘外卖人员，如图7.2所示。

试想一下，有如此众多从业人员的领域，不正是人力资源服务企业将要采掘的金矿吗？但是实际上，又有多少公司能敏锐意识到这一点，抓紧机遇呢？

还有那满大街出现的共享单车，以及一到晚上到处扎堆的代驾服务。也许你看到单车的时候不会认为这行业能带动就业，可是细想之下，单车背后的保养以及维护人员，肯定也是一个极大的数量。就连原本已经快要消失的自行车修车行业，似乎又变得供不应求了，如图7.3所示。

第7章 人力资源外包未来趋势：企业如何紧跟时代做人力资源外包

相关热搜职位 (天津)　　　　　　　　　　　　　　　　　　○ 换一换

职位名称	公司名称	工作区域	薪酬
外卖骑手送餐员/...	天津金汇信科技有限公司	天津	5000-8000
UU跑腿招募合作...	郑州时空隧道信息技术有限公司	红桥区	4000-6000
南开诚聘美团外...	北京世诚优聘科技发展有限公司	天津	5001-8000
外卖骑手	淮安晟弘欣网络科技有限公司	和平区	6600
送餐员/外卖快递...	天津金汇信科技有限公司	天津	5000-8000
美团外卖骑手	天津金汇众科技有限公司	东丽区	8000-12000

图 7.2　百度上外卖骑手的招聘广告

青桔共享单车维修工　　　　　　　　天津安中通讯电子有限公司
4000-6000 元/月　直投　　　　　　　天津 ｜ 初中 ｜ 1-3年
五险一金　　包吃　　　　　　　　　09-24发布于普工招聘网

直招青桔共享单车维护人员　　　　　西安首发汽车租赁有限公司　会员
4500-6000 元/月　精选　直投　　　　西安 ｜ 不限 ｜ 不限
交通补贴　　加班补助　　　　　　　今天

共享单车运维　　　　　　　　　　　上海钧正网络科技有限公司
3000-5000 元/月　直投　　　　　　　北京 ｜ 不限 ｜ 不限
　　　　　　　　　　　　　　　　　今天发布于斗米

共享单车运维人员(广州市明信汽车租赁有...　广州市明信汽车租赁有限公司
3000-5000 元/月　保障　　　　　　　广州 ｜ 不限 ｜ 1-3年
　　　　　　　　　　　　　　　　　今天发布于拉勾网

共享单车售后客服岗位(四川天翼呼叫科技...　四川天翼呼叫科技有限公司
3000-5000 元/月　直投　　　　　　　成都 ｜ 大专 ｜ 不限
五险一金　　全勤奖　　　　　　　　10-12发布于猎聘

图 7.3　共享单车幕后维修招聘

人力资源服务企业，只有洞察客户的需求痛点，拉近和企业真正业务需求之间的距离,才能发现新的商机。不能再抱着劳务派遣的老本而拒绝转变思路了。否则,就无法跟上企业转变对业务形态的需求,最终会被用工市场所抛弃。

7.4.2 "互联网+"是人力资源服务转型的良机

未来注定是 AI、大数据以及云计算的时代,这一切都以移动互联网为基础。而人力资源服务,是社会经济发展中的一款服务产品,当经济发展进入依靠新技术为依托的时代,脱离了时代特点的服务业,注定是要落后挨打的。

关于这一点论述,实在没有什么好解释的了。但是,谈到具体如何使用互联网这一机遇,人力资源服务企业,又都很迷茫。

因为市场的原因,国内的传统人力资源企业并不具备互联网的基因,这样,在转型互联网的时候难免会产生一定的试错成本。英格玛曾承认,他们就曾经投入过 500 万元来研发互联网服务产品,但是全都以失败告终。

最终,英格玛设立了人力资源技术基金,与 HROOT 联手举办中国人力资源创业大赛,以投资者的身份参与投资互联网创业企业。同样的,万宝盛华也缺乏互联网基因,他们没有发布任何互联网产品,只在内部尝试改革。

无论是通过那种方式尝试改变,其实都是人力资源服务企业无法回避的现实。

传统企业在转型向外包业务发展时,它的优势是大于初创企业的。已经拥有大量客户资源和人才库的传统企业,在利用互联网工具以及成熟的系统时,效益比初创企业更高。比如员工的移动考勤系统、薪酬福利系统、协同工作系统等。

总之,人力资源服务行业正在面临剧烈的变革,无论是从政策环境、经济环境、新技术发展情况,还是企业组织变革加速、劳动力人群变化、竞争对手变化等因素,人力资源服务企业自身必须敢于面对这种变化,不能固步自封。

我们常说，危机的同时也是机遇。但是毫无疑问，我们也感受到了紧迫的危机感，业务量增长放缓就是摆在眼前的事实。

显然，作为传统的人力资源服务企业，在业务量和客户关系上，无疑是拥有最大优势的。把握优势，尽快进行组织转型和业务升级，抓紧机遇、抢占"外包服务"这一重要领地，才是未来人力外包服务的新方向。

第 8 章

人力资源外包案例分析：ZH 集团与 BF 公司人力资源外包管理实操

ZH 集团与全球最为优秀的服务商建立了联盟关系，运用了最科学的人力资源管理方案，并将其整合到自身的技术服务平台，为 ZH 集团公司的客户提供了最为科学、最为完整的人力资源管理方案和服务功能模块；而且 ZH 公司还可以将这些服务功能模块、管理方案与客户自身的人力资源管理平台进行整合，通过开放的心态吸纳更多的优秀合作商，提供人力资源管理服务的技术平台和产品，特别是那些基于移动互联网技术的人力资源管理技术平台和服务产品。

8.1 ZH集团与BF公司人力资源外包网络结构

BF(苏州)公司当前就是借助ZH的技术服务平台,结合了ZH公司、BF(苏州)公司员工和其他专业的企业人力资源管理外包服务供应商构成一个完整的人力资源管理外包体系,通过这个开发的人力资源管理外包服务平台,不同的主体都能从该平台获得自己所需要的利益和价值,ZH集团与BF(苏州)公司人力资源外包网络图如图8.1所示。

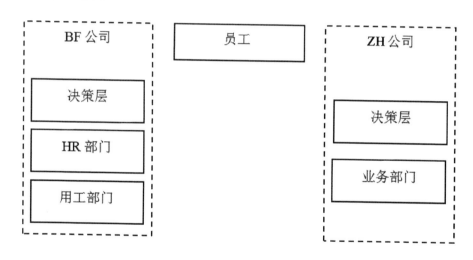

图8.1 ZH集团与BF人力资源管理外包网络图

当组织采用人力资源外包战略时,人力资源外包关系至少包含三方:人力资源部门、员工以及外部人力资源服务供应商,从网络视角看,三方借助于彼此之间的联结构成了一个三角网络关系。但根据调查结果,在考虑到不同业务阶段后,发现人力外包采购方与供应方还可以按照管理层级分为执行层与决策,其中采购方除了人力资源部门还有用工部门等,因此,我们认为在三个阶段存在6方关系(见图8.1)。

上文提及,在人力资源外包过程中,可分为决策阶段、选择阶段。这六个参与方在这三个不同的人力资源外包阶段展现出不同的社会关系网络结构,因此与目前人力资源外包分析不同,网络结构是动态权变的。

8.2 ZH 集团与 BF 公司人力资源外包风险的具体研究

不同的阶段,外包企业与人力资源服务供应商以及雇员之间,相对的关系都不相同。每一个阶段,三者之间的关系都会随着结构的改变而产生变化。对于这种很少人去研究的变化,下面来做深入的研究。

8.2.1 决策阶段关系结构

如图 8.2 所示,在人力资源外包决策阶段,人力资源外部关系网络结构主要由需求方企业高层与外包供应商企业高层、需求方企业 HR 与外包供应商企业 HR、需求方企业用工部门与外包供应商企业 HR 三对关系联结构成,由于上述关系联结在强调上存在差异,因而可能导致网络结构中各联结的节点遭受各种不同的与人力资源外包相关的风险。

1. 关系一:需求方企业高层与外包供应商企业高层

就决策风险而言,根据社会网络的观点,在人力资源外包关系网络结构中,当外包企业高层与人力资源服务供应商高层之间的社会连接强度较弱时,双方彼此之间可能存在信息不对称现象,造成企业在制定人力资源管理外包决策时因决策者缺乏对人力资源服务供应商和内部员工方面的知识以及能力等不同方面存在信息的限制,导致制定的人力资源管理战略规划可能不够合理,进而出现了不合适的人力资源外包决策风险。

从逆向选择风险看,根据社会网络的观点,在人力资源外包关系网络结构中,当外包企业高层与人力资源服务供应商高层之间的社会连接强度较弱时,容易产生信息不对称,导致企业在引入人力资源外包模式过程中出现服务商选择的失误。

例如选中的供应商不具备相应的专业能力和管理能力,又或者供应商存在服务流程或资金流缺陷等问题时,就会对企业的人力资源管理工作造成负面影响,从而造成逆向选择风险。

从企业环境风险而言,根据社会网络的观点,当企业内部的关系网络结构中各方存在不同程度的连接时,这种连接构成的企业环境也将对人力资源外包模式的引进产生较大影响,良好的企业内部关系网络环境对于人力资源外包模式的引进与正常运作都将产生有效的支持作用,反正,将产生相应的企业环境外包风险。

就政策法律风险而言,不完善的有关人力资源外包方面的政策法律将加大企业人力资源外包风险,根据社会网络的观点,通过建立外包企业高层与外部人力资源服务供应商高层之间的强的连接,实现双方对相关法律法规以及监管制度的理解和完善,可以提高对人力资源外包市场的监督、引导,实现人力资源外包市场的和谐发展,降低人力资源外包模式的环境风险。反之,将有可能增加与政策法律相关的外包风险。

从内部员工风险看,根据社会网络的观点,在人力资源外包关系网络结构中,当需求方企业高层与外包企业高层之间的连接强度较弱时,在企业人力资源外包模式的引入方面,由于缺乏对需求企业内部员工关于人力资源外包引入看法情况的了解,而实际上人力资源外包模式的引入对于员工自身的发展也可能产生较大程度的影响,如果人力资源外包模式的引入过程再出现问题,很可能导致员工的个人发展和个人应得利益受到伤害。

2. 关系二:需求方企业 HR 与外包供应商企业 HR

从决策风险看,企业 HR 在参与制定人力资源管理外包决定时,由于部门决策者缺乏对人力资源服务供应商和内部员工方面的知识以及能力等不同方面存在信息的限制，导致制定的人力资源管理战略规划可能不够合理，进而出现了不合适的人力资源外包决策风险。在这样的情况下，根据社会网络的观点，如果需求方 HR 与外包供应商 HR 间的关系连接较弱时，将加大双方之间的信息不对称进一步恶化这一外包风险。

从逆向选择风险看，根据社会网络的观点，在人力资源外包关系网络结构中，当外包企业 HR 与人力资源服务供应商 HR 之间的社会连接强度较弱时，容易导致企业在引入人力资源外包模式过程中出现服务商选择的失误，例如选中的供应商不具备相应的专业能力和管理能力，又或者供应商的服务流程或资金流存在缺陷等问题时，就会对企业的人力资源管理工作造成负面影响，从而造成逆向选择风险。

从内部员工风险看，根据社会网络的观点，在人力资源外包关系网络结构中，当需求方企业 HR 与外包企业 HR 之间的连接强度较弱时，因 HR 部门缺乏有关内部员工对于人力资源外包引入的真实看法，而事实上人力资源外包模式的引入对于员工自身的发展也将产生较大程度的影响，而人力资源外包模式的引入过程若出现问题，很可能导致员工的个人发展受和个人应得利益受到伤害。

3. 关系三：需求方企业用工部门与外包供应商企业 HR

从逆向选择风险看，根据社会网络的观点，在人力资源外包关系网络结构中，当外包企业用工部门与人力资源服务供应商 HR 之间的社会连接强度较弱时，由于信息不对称问题，容易导致企业在引入人力资源外包模式过程中出现服务商选择的失误。

例如选中的供应商不具备相应的专业能力和管理能力，又或者供应商的服务流程或资金流存在缺陷等问题时，就会对企业的人力资源管理工作造成负面影响，从而造成逆向选择风险。

从内部员工风险看，根据社会网络的观点，在人力资源外包关系网络结构中，当需求方企业用工部门与外包企业 HR 之间的连接强度较弱时，企业人力资源外包模式的引入，由于缺乏对需求企业员工对于人力资源外包引入看法的调查，而实际上人力资源外包模式的引入对于员工自身的发展也将产生较大程度的影响，而人力资源外包模式的引入过程若出现问题，很可能导致员工的个人发展和个人应得利益受到伤害。

8.2.2　选择阶段关系结构

如图 8.2 所示，在人力资源外包选择阶段，人力资源外部关系网络结构主要由需求方企业高层与外包供应商企业高层、需求方企业 HR 与外包供应商企业 HR、需求方企业用工部门与外包供应商企业 HR、需求方企业 HR 与员工、需求方企业用工部门与员工、外包供应商企业 HR 与员工六对关系连接构成，由于上述关系连接在强调上存在差异，因而可能导致网络结构中各连接的节点遭受各种不同的与人力资源外包相关的风险。

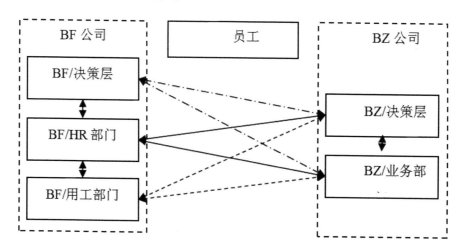

图 8.2　人力资源外包选择阶段社会网络关系图

1. 关系一：需求方企业高层与外包供应商企业高层

就需求企业合同风险来看，根据社会网络的观点，在人力资源外包关系网络结构中,当需求方企业高层与外包供应商企业高层之间的连接强度较弱时,因为信息不对称和不信任的存在,企业在确定人力资源外包机构的选择之后,需要与外包机构签订外包服务合同,合同在制定和签订过程中也存在着一定的风险。

企业首次引入人力资源外包模式,可能由于信息不对称、缺乏理论知识以及实际操作经验导致企业在谈判与合同签订的过程中处于被动地位,无法有效控制后期外包实施过程中的一些不确定因素,从而导致企业人力资源外包模式的实施效率降低,甚至导致整个人力资源外包模式引入的失败。

此外,企业在对合同条款进行审查的过程中,如果缺乏相关经验,可能导致合同条款审查不严,从而落入外包服务机构的合同陷阱。

从信息不对称风险看,根据社会网络的观点,在人力资源外包关系网络结构中,当需求方企业高层与外包供应商企业高层之间的连接强度较弱时,外包服务供应商在深入接触企业之前,无法形成对企业经营情况以及人力资源管理情况的细致了解。

因此,在合同签订阶段企业为了有效地降低外包成本,可能会向外包服务供应商提供虚假信息,从而降低外包服务供应商的外包可行性预期。而在外包执行的过程中,真实的可能性可能超出外包服务供应商的预期,从而导致外包服务供应商的实施风险。

从供应商合同风险看,根据社会网络的观点,在人力资源外包关系网络结构中,当需求方企业高层与外包企业高层之间的连接强度较弱时,由于缺乏信任,再加上供应商缺乏对合同条款的深思熟虑,从而导致供应商在履行合同约定时无法满足条款要求,或者因出现不可抗力导致约定无法达成时无法得到相关条款的保护,从而产生相应的经济损失。

2. 关系二:需求方企业 HR 与外包供应商企业 HR

就需求企业合同风险来看,根据社会网络的观点,在人力资源外包关系网络结构中，当需求方企业 HR 与外包供应商企业 HR 之间的连接强度较弱时，因为双方之间还没有建立较高程度的信任，企业在确定人力资源外包机构的选择之后，需要与外包机构签订外包服务合同，合同在制定和签订过程中也存在着一定的风险。

企业首次引入人力资源外包模式，可能由于信息不对称、缺乏理论知识以及实际操作经验导致企业在谈判与合同签订的过程中处于被动地位，无法有效控制后期外包实施过程中的一些不确定因素，从而导致企业人力资源外包模式的实施效率降低，甚至导致整个人力资源外包模式引入的失败。

此外，企业在对合同条款进行审查的过程中，如果缺乏相关经验，可能导致合同条款审查不严，从而落入外包服务机构的合同陷阱。

从信息不对称风险看，根据社会网络的观点，在人力资源外包关系网络结构中，当需求方企业 HR 与外包供应商企业 HR 之间的连接强度较弱时，外包服务供应商在深入接触企业之前，无法形成对企业经营情况以及人力资源管理情况的细致了解。

因此，在合同签订阶段企业为了有效地降低外包成本，可能会向外包服务供应商提供虚假信息，从而降低外包服务供应商的外包可行性预期。而在外包执行的过程中，真实的可能性可能超出外包服务供应商的预期，从而导致外包服务供应商的实施风险。

从供应商合同风险看，根据社会网络的观点，在人力资源外包关系网络结构中，当需求方企业 HR 与外包企业 HR 之间的连接强度较弱时，供应商合同风险的产生主要是由于供应商缺乏对合同条款的深思熟虑，从而导致供应商在履行合同约定时无法满足条款要求，或者因出现不可抗力导致约定无法达成时无法得到相关条款的保护，从而产生相应的经济损失。

3. 关系三：需求方企业用工部门与外包供应商企业 HR

从信息不对称风险看，根据社会网络的观点，在人力资源外包关系网络结构中，当需求方用工部门与外包供应商企业 HR 之间的连接强度较弱时，造成外包服务供应商在深入接触企业之前，无法形成对企业经营情况以及人力资源管理情况的细致了解。

因此，在合同签订阶段企业为了有效地降低外包成本，可能会向外包服务供应商提供虚假信息，从而降低外包服务供应商的外包可行性预期。而在外包执行的过程中，真实的可能性可能超出外包服务供应商的预期，从而导致外包服务供应商的实施风险。

4. 关系四：需求方企业 HR 与员工

从信息不对称风险看，根据社会网络的观点，在人力资源外包关系网络结构中，当需求方 HR 部门与内部员工之间的连接强度较弱时，导致外包服务供应商在深入接触企业之前，无法形成对企业经营情况以及人力资源管理情况的细致了解。

因此，在合同签订阶段企业为了有效地降低外包成本，可能会向外包服务供应商提供虚假信息，从而降低外包服务供应商的外包可行性预期。而在外包执行的过程中，真实的可能性可能超出外包服务供应商的预期，从而导致外包服务供应商的实施风险。

就合谋风险而言，根据社会网络的观点，在人力资源外包关系网络结构中，当需方 HR 部门与内部员工之间的连接强度较弱时，可降低对外包企业人力资源供应商的依赖性，并有可能导致供应商企业 HR 部门与内部员工之间合谋，这可能引发外包风险。

5. 关系五：需求方企业用工部门与员工

从信息不对称风险看，根据社会网络的观点，在人力资源外包关系网络结构中，当需方企业用工部门与内部员工之间的连接强度较弱时，导致外包服务供应商在深入接触企业之前，无法形成对企业经营情况以及人力资源管理情况的细致了解。

因此，在合同签订阶段企业为了有效地降低外包成本，可能会向外包服务供应商提供虚假信息，从而降低外包服务供应商的外包可行性预期。而在外包执行的过程中，真实的可能性可能超出外包服务供应商的预期，从而导致外包服务供应商的实施风险。

就合谋风险而言，根据社会网络的观点，在人力资源外包关系网络结构中，当需方企业用工部门与内部员工之间的连接强度较弱时，可降低对需求方企业用工部门的依赖性，并有可能导致供应方企业与内部员工之间合谋，从而引发外包风险。

6. 关系六：外包供应商企业 HR 与员工

从合谋风险看，根据社会网络的观点，在人力资源外包关系网络结构中，当供方企业 HR 部门与员工之间的连接强度较强时，可降低对需求方企业的依赖性，并有可能导致供方企业 HR 部门与员工之间合谋，进而导致与合谋有关的人力资源外包风险。

8.2.3　执行阶段关系结构

在人力资源外包执行阶段，人力资源外部关系网络结构主要由需求方企业 HR 与外包供应商企业 HR、需求方企业用工部门与外包供应商企业 HR、需求方企业 HR 与员工、需求方企业用工部门与员工、外部供应商企业 HR 部门与员工五对关系连接构成，由于上述关系连接在强调上存在差异，因而可能导致网络结构中各连接的节点遭受各种不同的与人力资源外包相关的风险(见图 8.3)。

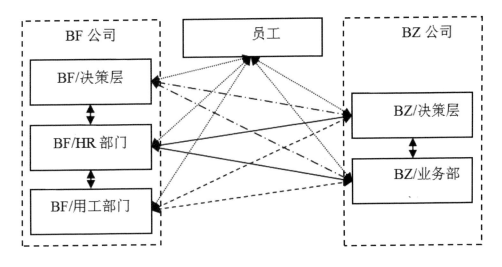

图8.3　人力资源外包执行阶段社会网络关系图

1. 关系一：需求方企业HR与外包供应商企业HR

从额外成本风险看，根据社会网络的观点，在人力资源外包关系网络结构中，当需方企业HR部门与外包供应商HR之间的连接强度较弱时，在人力资源外包执行阶段，外包模式的实施可能会造成企业成本上升，这种成本上升很可能会违背企业进行人力资源外包的成本战略意图，对于企业管理绩效和战略目标的实现都将产生一定风险。

从协调风险看，根据社会网络的观点，在人力资源外包关系网络结构中，当需方企业HR部门与外包供应商HR之间的连接强度较弱时，企业在人力资源外包的执行阶段，如果不能有效地进行外包服务机构的管理以及对外包执行过程的监督，将导致管理风险的产生。

从道德风险看，根据社会网络的观点，在人力资源外包关系网络结构中，当需方企业HR部门与外包供应商HR之间的连接强度较弱时，企业引入人力资源外包管理模式后，若企业缺乏对外包服务机构的深入了解，则可能存在以下几类道德风险。

外包服务机构外包服务费用太高、未按照约定提供最优秀人力资源、未对劳务输出进行最新知识的培训以及未根据企业实际情况进行人力资源输出等。此外，外包服务机构还可能存在管理不力、隐藏风险等行为，这些都将给企业的正常经营造成极大风险。

从信息泄露风险看，根据社会网络的观点，在人力资源外包关系网络结构中，当需方企业 HR 部门与外包供应商 HR 之间的连接强度较弱时，人力资源外包模式的引入不可避免会导致企业部分信息的泄露，如果企业不能有效地过滤核心信息，有可能导致核心经营信息的泄露，而这些信息一旦落入竞争对手手中，将使企业的经营面临极大风险。

从服务失败风险看，根据社会网络的观点，在人力资源外包关系网络结构中，当需方企业 HR 部门与外包供应商 HR 之间的连接强度较弱时，或者当企业与外包服务供应商之间的合同结束时，如企业选择终止外包行为，在交接的过程中如果双方的权责划分不够清晰则可能会给外包服务供应商带来风险，使外包服务供应商处于相当被动的地位。若企业在外包执行期间放弃人力资源外包模式的引入，那么外包服务供应商很可能面临经济损失。

从跨文化沟通风险看，根据社会网络的观点，在人力资源外包关系网络结构中，当需方企业 HR 部门与外包供应商 HR 之间的连接强度较弱时，引入人力资源外包模式的企业与实施外包的供应商是两个独立的公司，在企业文化、员工行为模式以及人才理念等方面都存在较大差异，双方沟通难免会产生障碍，导致信息传递质量不高，从而导致风险的产生。

从员工外包风险看，根据社会网络的观点，在人力资源外包关系网络结构中，当需方企业 HR 部门与外包供应商 HR 之间的连接强度较弱时，企业实行人力资源外包，若外包服务供应商未能充分重视企业员工的需求，对员工的意见建议置之不理，那么企业的人力资源管理水平将无法得到有效提高，企业的人力资源管理水平也将显著下降。与此同时，员工的工作环境、福利待遇等都可能因外包而产生损失。

从创新风险看，根据社会网络的观点，在人力资源外包关系网络结构中，当需方企业 HR 部门与外包供应商 HR 之间的连接强度较弱时，由于需方企业 HR 部门与外包供应商 HR 之间缺乏足够的沟通，不能及时了解外包企业对人力资源的最新要求和需求，导致外包人力资源服务供应商未能保持足够的人力资源服务创新(在产品、服务或组织能力)来满足人力资源公司的需求，因而有可能导致创新风险。

2. 关系二：需求方企业用工部门与外包供应商企业 HR

从额外成本风险看，根据社会网络的观点，在人力资源外包关系网络结构中，当需方企业用工部门与外包供应商 HR 之间的连接强度较弱时，在人力资源外包执行阶段，外包模式的实施可能会造成企业经营成本的上升，这种成本上升很可能会违背企业进行人力资源外包的成本战略意图，对于企业管理绩效和战略目标的实现都将产生一定风险。

从协调风险看，根据社会网络的观点，在人力资源外包关系网络结构中，当需方企业用工部门与外包供应商 HR 之间的连接强度较弱时，企业在人力资源外包的执行阶段，如果不能有效地进行外包服务机构的管理以及对外包执行过程的监督，将导致管理风险的产生。

从道德风险看，根据社会网络的观点，在人力资源外包关系网络结构中，当需方企业用工部门与外包供应商 HR 之间的连接强度较弱时，企业引入人力资源外包管理模式后，若企业缺乏对外包服务机构的深入了解，则可能存在以下几类道德风险。

外包服务机构外包服务费用太高、未按照约定提供最优秀人力资源、未对劳务输出进行最新知识的培训以及外包机构未根据企业实际情况进行人力资源输出等。此外，外包服务机构还可能存在管理不力、隐藏风险等行为，这些都将给企业的正常经营造成极大风险。

从信息泄露风险看，根据社会网络的观点，在人力资源外包关系网络结构中，当需方企业用工部门与外包供应商 HR 之间的连接强度较弱时，人力资源外包模式的引入不可避免会导致企业部分信息的泄露，如果企业不能有效地过滤核心信息，有可能导致核心经营信息的泄露，而这些信息一旦落入竞争对手手中，将使企业的经营面临极大风险。

从服务失败风险看，根据社会网络的观点，在人力资源外包关系网络结构中，当需方企业用工部门与外包供应商 HR 之间的连接强度较弱时，或者当企业与外包服务供应商之间的合同结束时，如企业选择终止外包行为，在交接的过程中如果双方的权责划分不够清晰则可能会给外包服务供应商带来风险，使外包服务供应商处于相当被动的地位。若企业在外包执行期间放弃人力资源外包模式的引入，那么外包服务供应商很可能面临经济损失。

从跨文化沟通风险看，根据社会网络的观点，在人力资源外包关系网络结构中，当需方企业用工部门与外包供应商 HR 之间的连接强度较弱时，引入人力资源外包模式的企业与实施外包的供应商是两个独立的公司，在企业文化、员工行为模式以及人才理念等方面都存在较大差异，双方沟通难免会产生障碍，导致信息传递质量不高，从而导致风险的产生。

从员工外包风险看，根据社会网络的观点，在人力资源外包关系网络结构中，当需方企业用工部门与外包供应商 HR 之间的连接强度较弱时，企业实行人力资源外包，若外包服务供应商未能有效重视企业员工的需求，对员工的意见建议置之不理，那么企业的人力资源管理水平将无法得到有效提高，企业的人力资源管理水平也将显著下降。与此同时，员工的工作环境、福利待遇等都可能因外包而产生损失。

从创新风险看，根据社会网络的观点，在人力资源外包关系网络结构中，当需方企业用工部门与外包供应商 HR 之间的连接强度较弱时，由于需方企业 HR 部门与外包供应商 HR 之间缺乏足够的沟通，不能及时了解外包企业对人力资源的最新要求和需求，导致外包人力资源服务供应商未能保持足够的人力资源服务创新(在产品、服务或组织能力)来满足人力资源公司的需求，因而有可能导致创新风险。

3. 关系三：需求方企业 HR 与员工

从额外成本风险看，根据社会网络的观点，在人力资源外包关系网络结构中，当需方企业 HR 部门与员工之间的连接强度较弱时，在人力资源外包执行阶段，由于需求方企业 HR 部门对员工的能力和知识及技能都不太了解，存在信息不对称，而且在此情形下，员工对企业的忠诚度也不会高，容易导致外包模式的实施可能会带来企业经营成本支持的上升，这种成本上升很可能会违背企业进行人力资源外包的成本战略意图，对于企业管理绩效和战略目标的实现都将产生一定风险。

从协调风险看，根据社会网络的观点，在人力资源外包关系网络结构中，当需方企业 HR 部门与员工之间的连接强度较弱时，企业在人力资源外包的执行阶段，员工可能会表现出不合作的态度与行为，因而不能有效地进行外包服务机构的管理以及外包执行过程的监督，将导致管理风险的产生。

从道德风险看，根据社会网络的观点，在人力资源外包关系网络结构中，当需方企业 HR 部门与员工之间的连接强度较弱时，企业引入人力资源外包管理模式后，将导致企业缺乏对外包服务机构的深入了解，则可能存在以下几类道德风险。

外包服务机构外包服务费用太高、未按照约定提供最优秀人力资源、未对劳务输出进行最新知识的培训以及未根据企业实际情况进行人力资源输出等。此外，外包服务机构还可能存在管理不力、隐藏风险等行为，这些都将给企业的正常经营造成极大风险。

从信息泄露风险看，根据社会网络的观点，在人力资源外包关系网络结构中，当需方企业 HR 部门与员工之间的连接强度较弱时，由于员工对组织的忠诚较低，于是人力资源外包模式的引入不可避免会导致企业部分信息的泄露，如果企业不能有效地过滤核心信息，有可能导致核心经营信息的泄露，而这些信息一旦落入竞争对手手中，将使企业的经营面临极大风险。

从跨文化沟通风险看，根据社会网络的观点，在人力资源外包关系网络结构中，当需方企业 HR 部门与员工之间的连接强度较弱时，引入人力资源外包模式的企业与实施外包的供应商是两个独立的公司，在企业文化、员工行为模式以及人才理念等方面都存在较大差异，双方沟通难免会产生障碍，导致信息传递质量不高，从而导致风险的产生。

从员工外包风险看，根据社会网络的观点，在人力资源外包关系网络结构中，当需方企业 HR 部门与员工之间的连接强度较弱时，企业实行人力资源外包，外包服务供应商未能充分重视企业员工的需求，对员工的意见建议置之不理，那么企业的人力资源管理水平将无法得到有效提高，企业的人力资源管理水平也将显著下降。与此同时，员工的工作环境、福利待遇等都可能因外包而产生损失。

从创新风险看，根据社会网络的观点，在人力资源外包关系网络结构中，当需方企业 HR 部门与员工之间的连接强度较弱时，由于需方企业 HR 部门与外包供应商 HR 之间缺乏足够的沟通，不能及时了解外包企业对人力资源的最新要求和需求，导致外包人力资源服务供应商未能保持足够的人力资源服务创新(在产品、服务或组织能力)来满足人力资源需求公司的需求，因而有可能导致创新风险。

从员工离职风险看，根据社会网络的观点，在人力资源外包关系网络结构中，当需方企业 HR 部门与员工之间的连接强度较弱时，企业在引入人力资源外包模式之后，企业内部员工可能产生某种程度上的不适应，从而产生员工流失风险。而且，在进行人力资源外包之后，企业的人力资源管理能力也会慢慢降低，可能产生对员工重要性的忽视，不能有效提升外包人员的工作热情，将导致人才流失程度加剧。

从员工认知风险看，根据社会网络的观点，在人力资源外包关系网络结构中，当需方企业 HR 部门与员工之间的连接强度较弱时，企业在引入人力资源管理外包的过程中，使员工对外包模式的认知产生偏差，将可能导致人力资源外包无法实现预定目标，员工的支持可以大大提升人力资源外包的成效，而员工的抵制则将对人力资源外包的正常运作产生阻力，降低企业的人力资源外包收益。

4. 关系四：需求方企业用工部门与员工

从额外成本风险看，根据社会网络的观点，在人力资源外包关系网络结构中，当需方企业用工部门与员工之间的连接强度较弱时，在人力资源外包执行阶段，外包模式的实施可能会导致企业经营成本上升，这种成本上升很可能会违背企业进行人力资源外包的成本战略意图，对于企业管理绩效和战略目标的实现都将产生一定风险。

从协调风险看，根据社会网络的观点，在人力资源外包关系网络结构中，当需方企业用工部门与员工之间的连接强度较弱时，企业在人力资源外包的执行阶段，如果不能有效地进行外包服务机构的管理以及外包执行过程的监督，将导致管理风险的产生。

从道德风险看，根据社会网络的观点，在人力资源外包关系网络结构中，当需方企业用工部门与员工之间的连接强度较弱时，企业引入人力资源外包管理模式后，若企业缺乏对外包服务机构的深入了解，则可能存在以下几类道德风险。外包服务机构外包服务费用太高、未按照约定提供最优秀的人力资源、未对劳务输出进行最新知识的培训以及未根据企业实际情况进行人力资源输出等。此外，外包服务机构还可能存在管理不力、隐藏风险等行为，这些都将给企业的正常经营造成极大风险。

从信息泄露风险看,根据社会网络的观点,在人力资源外包关系网络结构中,当需方企业用工部门与员工之间的连接强度较弱时,人力资源外包模式的引入不可避免会导致企业部分信息的泄露,如果企业不能有效地过滤核心信息,有可能导致核心经营信息的泄露,而这些信息一旦落入竞争对手手中,将使企业的经营面临极大风险。

从跨文化沟通风险看,根据社会网络的观点,在人力资源外包关系网络结构中,当需方企业用工部门与员工之间的连接强度较弱时,引入人力资源外包模式的企业与实施外包的供应商是两个独立的公司,在企业文化、员工行为模式以及人才理念等方面都存在较大差异,双方沟通难免会产生障碍,导致信息传递质量不高,从而导致风险的产生。

从员工外包风险看,根据社会网络的观点,在人力资源外包关系网络结构中,当需方企业用工部门与员工之间的连接强度较弱时,企业实行人力资源外包,若外包服务供应商未能有效重视企业员工的需求,对员工的意见建议置之不理,那么企业的人力资源管理水平将无法得到有效提高,企业的人力资源管理水平也将显著下降。与此同时,员工的工作环境、福利待遇等都可能因外包而产生损失。

从创新风险看,根据社会网络的观点,在人力资源外包关系网络结构中,当需方企业用工部门与员工之间的连接强度较弱时,由于需方企业 HR 部门与外包供应商 HR 之间缺乏足够的沟通,不能及时了解外包企业对人力资源的最新要求和需求,导致外包人力资源服务供应商未能保持足够的人力资源服务创新(在产品、服务或组织能力)来满足人力资源需求公司的需求,因而有可能导致创新风险。

从员工离职风险看,根据社会网络的观点,在人力资源外包关系网络结构中,当需方企业用工部门与员工之间的连接强度较弱时,企业在引入人力资源外包模式之后,企业内部员工可能产生某种程度上的不适应,从而产生员工流失风险。而且，在进行人力资源外包之后，企业的人力资源管理能力也会慢慢降低，可能产生对员工重要性的忽视，不能有效提升外包人员的工作热情，这将导致人才流失程度加剧。

从员工认知风险看，根据社会网络的观点，在人力资源外包关系网络结构中，当需方企业用工部门与员工之间的连接强度较弱时，企业在引入人力资源管理外包的过程中，如果员工对外包模式的认知存在问题，将可能导致人力资源外包无法实现预定目标，员工的支持可以大大提升人力资源外包的成效，而员工的抵制则将对人力资源外包的正常运作产生阻力，降低企业的人力资源外包收益。

5. 关系五：外部供应商企业 HR 部门与员工

从员工认知风险看，根据社会网络的观点，在人力资源外包关系网络结构中，当外部人力资源供应商企业 HR 部门与员工之间的连接强度较弱时，企业在引入人力资源管理外包的过程中，如果员工对外包模式的认知存在问题，将可能导致人力资源外包无法实现预定目标，员工的支持可以大大提升人力资源外包的成效，而员工的抵制则将对人力资源外包的正常运作产生阻力，降低企业的人力资源外包收益。

8.3 ZH-BF 人力资源外包风险专家问卷

此调查问卷的目的在于确定 ZH-BF 人力资源外部风险各因素之间的相对权重。调查问卷根据层次分析法(AHP)的形式而设计。这种方法是在同一个层次对影响因素重要性进行两两比较。

8.3.1 问题描述

此调查问卷以 ZH-BF 人力资源外部风险为调查目标，对其多种影响因素使用层次分析法进行分析。层次模型如图 8.4 所示。

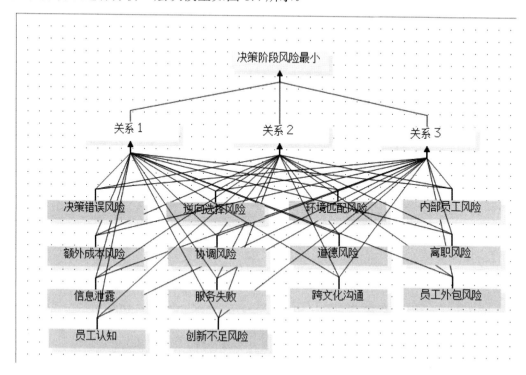

图 8.4 层次模型图

8.3.2 问卷说明

此调查问卷的目的在于确定 ZH-BF 人力资源外部风险各因素之间的相对权重。调查问卷根据层次分析法(AHP)的形式而设计。这种方法是在同一个层次对影响因素重要性进行两两比较。衡量尺度可划分为五个等级，分别是绝对重要、十分重要、比较重要、稍微重要、同样重要，分别对应 9, 7, 5, 3, 1 的数值。靠左边的衡量尺度表示左列因素与右列因素，靠右边的衡量尺度表示右列因素与左列因素。根据您的看法，在对应方格中打勾即可。

如果您觉得某个级别不能精确地表达您对某个比较问题的看法，例如您认为自己对一个比较的看法应该介于十分重要和比较重要之间，那么您可以通过在十分重要和比较重要两个方格之间画圈来表达您的看法。

示例：您认为一辆汽车是安全性重要？还是价格重要？(针对此示例的调查表会在下面产生，请不要修改示例部分中所有与问题相关的内容，括号内的这部分文字请删除)

如果您认为一辆汽车的安全性相对于价格来说更加重要，那么请在左侧(十分重要)下边的方格打勾。

样表：对于评价汽车，各影响因素的相对重要程度表

A	评价尺度									B
	9	7	5	3	1	3	5	7	9	
安全性										价格

注：衡量尺度划分为 5 个等级，分别是绝对重要、十分重要、比较重要、稍微重要、同样重要，分别对应 9, 7, 5, 3, 1 的数值。

8.3.3 ZH-BF 人力资源外包风险问卷内容

1. 第 2 层要素

■ 评估"决策阶段风险最小"的相对重要性

影响因素	说明
关系 1	包括
关系 2	包括
关系 3	包括

下列各组比较要素，对于"决策阶段风险最小"的相对重要性如何？

A	评价尺度									B
	9	7	5	3	1	3	5	7	9	
关系 1										关系 2
关系 1										关系 3
关系 2										关系 3

2. 第3层要素

- 评估"关系1"的相对重要性

影响因素	说明
决策错误风险	包括：
逆向选择风险	包括：
内部员工风险	包括：
协调风险	包括：
道德风险	包括：
跨文化沟通风险	包括：
员工认知风险	包括：
环境匹配风险	包括：
额外成本风险	包括：
离职风险	包括：
信息泄露风险	包括：
服务失败风险	包括：
员工外包风险	包括：
创新不足风险	包括：

下列各组比较要素，对于"关系1"的相对重要性如何？

A	评价尺度									B
	9	7	5	3	1	3	5	7	9	
决策错误风险										逆向选择风险
决策错误风险										内部员工风险
决策错误风险										协调风险
决策错误风险										道德风险
决策错误风险										跨文化沟通风险
决策错误风险										员工认知风险
决策错误风险										环境匹配风险
决策错误风险										额外成本风险
决策错误风险										离职风险

第8章 人力资源外包案例分析：ZH集团与BF公司人力资源外包管理实操

续表

A	评价尺度									B
	9	7	5	3	1	3	5	7	9	
决策错误风险										信息泄露风险
决策错误风险										服务失败风险
决策错误风险										员工外包风险
决策错误风险										创新不足风险
逆向选择风险										内部员工风险
逆向选择风险										协调风险
逆向选择风险										道德风险
逆向选择风险										跨文化沟通风险
逆向选择风险										员工认知风险
逆向选择风险										环境匹配风险
逆向选择风险										额外成本风险
逆向选择风险										离职风险
逆向选择风险										信息泄露风险
逆向选择风险										服务失败风险
逆向选择风险										员工外包风险
逆向选择风险										创新不足风险
内部员工风险										协调风险
内部员工风险										道德风险
内部员工风险										跨文化沟通风险
内部员工风险										员工认知风险
内部员工风险										环境匹配风险
内部员工风险										额外成本风险
内部员工风险										离职风险
内部员工风险										信息泄露风险
内部员工风险										服务失败风险
内部员工风险										员工外包风险
内部员工风险										创新不足风险

续表

A	评价尺度									B
	9	7	5	3	1	3	5	7	9	
协调风险										道德风险
协调风险										跨文化沟通风险
协调风险										员工认知风险
协调风险										环境匹配风险
协调风险										额外成本风险
协调风险										离职风险
协调风险										信息泄露风险
协调风险										服务失败风险
协调风险										员工外包风险
协调风险										创新不足风险
道德风险										跨文化沟通风险
道德风险										员工认知风险
道德风险										环境匹配风险
道德风险										额外成本风险
道德风险										离职风险
道德风险										信息泄露风险
道德风险										服务失败风险
道德风险										员工外包风险
道德风险										创新不足风险
跨文化沟通风险										员工认知风险
跨文化沟通风险										环境匹配风险
跨文化沟通风险										额外成本风险
跨文化沟通风险										离职风险
跨文化沟通风险										信息泄露风险
跨文化沟通风险										服务失败风险
跨文化沟通风险										员工外包风险
跨文化沟通风险										创新不足风险

第8章 人力资源外包案例分析：ZH集团与BF公司人力资源外包管理实操

续表

A	评价尺度									B
	9	7	5	3	1	3	5	7	9	
员工认知风险										环境匹配风险
员工认知风险										额外成本风险
员工认知风险										离职风险
员工认知风险										信息泄露风险
员工认知风险										服务失败风险
员工认知风险										员工外包风险
员工认知风险										创新不足风险
环境匹配风险										额外成本风险
环境匹配风险										离职风险
环境匹配风险										信息泄露风险
环境匹配风险										服务失败风险
环境匹配风险										员工外包风险
环境匹配风险										创新不足风险
额外成本风险										离职风险
额外成本风险										信息泄露风险
额外成本风险										服务失败风险
额外成本风险										员工外包风险
额外成本风险										创新不足风险
离职风险										信息泄露风险
离职风险										服务失败风险
离职风险										员工外包风险
离职风险										创新不足风险
信息泄露风险										服务失败风险
信息泄露风险										员工外包风险
信息泄露风险										创新不足风险
服务失败风险										员工外包风险
服务失败风险										创新不足风险
员工外包风险										创新不足风险

①评估"关系2"的相对重要性

影响因素	说明
决策错误风险	包括：
环境匹配风险	包括：
额外成本风险	包括：
离职风险	包括：
信息泄露风险	包括：
服务失败风险	包括：
员工外包风险	包括：
创新不足风险	包括：
逆向选择风险	包括：
内部员工风险	包括：
协调风险	包括：
道德风险	包括：
跨文化沟通风险	包括：
员工认知风险	包括：

下列各组比较要素，对于"关系2"的相对重要性如何？

A	评价尺度									B
	9	7	5	3	1	3	5	7	9	
决策错误风险										环境匹配风险
决策错误风险										额外成本风险
决策错误风险										离职风险
决策错误风险										信息泄露风险
决策错误风险										服务失败风险
决策错误风险										员工外包风险
决策错误风险										创新不足风险
决策错误风险										逆向选择风险
决策错误风险										内部员工风险
决策错误风险										协调风险

第8章 人力资源外包案例分析：ZH集团与BF公司人力资源外包管理实操

下列各组比较要素，对于"关系2"的相对重要性如何？

A	评价尺度									B
	9	7	5	3	1	3	5	7	9	
决策错误风险										道德风险
决策错误风险										跨文化沟通风险
决策错误风险										员工认知风险
环境匹配风险										额外成本风险
环境匹配风险										离职风险
环境匹配风险										信息泄露风险
环境匹配风险										服务失败风险
环境匹配风险										员工外包风险
环境匹配风险										创新不足风险
环境匹配风险										逆向选择风险
环境匹配风险										内部员工风险
环境匹配风险										协调风险
环境匹配风险										道德风险
环境匹配风险										跨文化沟通风险
环境匹配风险										员工认知风险
额外成本风险										离职风险
额外成本风险										信息泄露风险
额外成本风险										服务失败风险
额外成本风险										员工外包风险
额外成本风险										创新不足风险
额外成本风险										逆向选择风险
额外成本风险										内部员工风险
额外成本风险										协调风险
额外成本风险										道德风险
额外成本风险										跨文化沟通风险
额外成本风险										员工认知风险
离职风险										信息泄露风险

下列各组比较要素，对于"关系2"的相对重要性如何？

A	评价尺度									B
	9	7	5	3	1	3	5	7	9	
离职风险										服务失败风险
离职风险										员工外包风险
离职风险										创新不足风险
离职风险										逆向选择风险
离职风险										内部员工风险
离职风险										协调风险
离职风险										道德风险
离职风险										跨文化沟通风险
离职风险										员工认知风险
信息泄露风险										服务失败风险
信息泄露风险										员工外包风险
信息泄露风险										创新不足风险
信息泄露风险										逆向选择风险
信息泄露风险										内部员工风险
信息泄露风险										协调风险
信息泄露风险										道德风险
信息泄露风险										跨文化沟通风险
信息泄露风险										员工认知风险
服务失败风险										员工外包风险
服务失败风险										创新不足风险
服务失败风险										逆向选择风险
服务失败风险										内部员工风险
服务失败风险										协调风险
服务失败风险										道德风险
服务失败风险										跨文化沟通风险
服务失败风险										员工认知风险
员工外包风险										创新不足风险

第8章 人力资源外包案例分析：ZH集团与BF公司人力资源外包管理实操

下列各组比较要素，对于"关系2"的相对重要性如何？

A	评价尺度									B
	9	7	5	3	1	3	5	7	9	
员工外包风险										逆向选择风险
员工外包风险										内部员工风险
员工外包风险										协调风险
员工外包风险										道德风险
员工外包风险										跨文化沟通风险
员工外包风险										员工认知风险
创新不足风险										逆向选择风险
创新不足风险										内部员工风险
创新不足风险										协调风险
创新不足风险										道德风险
创新不足风险										跨文化沟通风险
创新不足风险										员工认知风险
逆向选择风险										内部员工风险
逆向选择风险										协调风险
逆向选择风险										道德风险
逆向选择风险										跨文化沟通风险
逆向选择风险										员工认知风险
内部员工风险										协调风险
内部员工风险										道德风险
内部员工风险										跨文化沟通风险
内部员工风险										员工认知风险
协调风险										道德风险
协调风险										跨文化沟通风险
协调风险										员工认知风险
道德风险										跨文化沟通风险
道德风险										员工认知风险
跨文化沟通风险										员工认知风险

①评估"关系3"的相对重要性

影响因素	说明
决策错误风险	包括:
环境匹配风险	包括:
信息泄露风险	包括:
逆向选择风险	包括:
内部员工风险	包括:
额外成本风险	包括:
协调风险	包括:
道德风险	包括:
离职风险	包括:
服务失败风险	包括:
跨文化沟通风险	包括:
员工外包风险	包括:
员工认知风险	包括:
创新不足风险	包括:

下列各组比较要素,对于"关系3"的相对重要性如何?

A	评价尺度								B
	9	7	5	3	1	3	5	7	9	
决策错误风险										环境匹配风险
决策错误风险										信息泄露风险
决策错误风险										逆向选择风险
决策错误风险										内部员工风险
决策错误风险										额外成本风险
决策错误风险										协调风险
决策错误风险										道德风险
决策错误风险										离职风险
决策错误风险										服务失败风险
决策错误风险										跨文化沟通风险

第 8 章　人力资源外包案例分析：ZH 集团与 BF 公司人力资源外包管理实操

下列各组比较要素，对于"关系 3"的相对重要性如何？

A	评价尺度									B
	9	7	5	3	1	3	5	7	9	
决策错误风险										员工外包风险
决策错误风险										员工认知风险
决策错误风险										创新不足风险
环境匹配风险										信息泄露风险
环境匹配风险										逆向选择风险
环境匹配风险										内部员工风险
环境匹配风险										额外成本风险
环境匹配风险										协调风险
环境匹配风险										道德风险
环境匹配风险										离职风险
环境匹配风险										服务失败风险
环境匹配风险										跨文化沟通风险
环境匹配风险										员工外包风险
环境匹配风险										员工认知风险
环境匹配风险										创新不足风险
信息泄露风险										逆向选择风险
信息泄露风险										内部员工风险
信息泄露风险										额外成本风险
信息泄露风险										协调风险
信息泄露风险										道德风险
信息泄露风险										离职风险
信息泄露风险										服务失败风险
信息泄露风险										跨文化沟通风险
信息泄露风险										员工外包风险
信息泄露风险										员工认知风险
信息泄露风险										创新不足风险
逆向选择风险										内部员工风险

下列各组比较要素，对于"关系3"的相对重要性如何？

A	评价尺度									B
	9	7	5	3	1	3	5	7	9	
逆向选择风险										额外成本风险
逆向选择风险										协调风险
逆向选择风险										道德风险
逆向选择风险										离职风险
逆向选择风险										服务失败风险
逆向选择风险										跨文化沟通风险
逆向选择风险										员工外包风险
逆向选择风险										员工认知风险
逆向选择风险										创新不足风险
内部员工风险										额外成本风险
内部员工风险										协调风险
内部员工风险										道德风险
内部员工风险										离职风险
内部员工风险										服务失败风险
内部员工风险										跨文化沟通风险
内部员工风险										员工外包风险
内部员工风险										员工认知风险
内部员工风险										创新不足风险
额外成本风险										协调风险
额外成本风险										道德风险
额外成本风险										离职风险
额外成本风险										服务失败风险
额外成本风险										跨文化沟通风险
额外成本风险										员工外包风险
额外成本风险										员工认知风险
额外成本风险										创新不足风险
协调风险										道德风险

第8章 人力资源外包案例分析：ZH集团与BF公司人力资源外包管理实操

下列各组比较要素，对于"关系3"的相对重要性如何？

A	评价尺度									B
	9	7	5	3	1	3	5	7	9	
协调风险										离职风险
协调风险										服务失败风险
协调风险										跨文化沟通风险
协调风险										员工外包风险
协调风险										员工认知风险
协调风险										创新不足风险
道德风险										离职风险
道德风险										服务失败风险
道德风险										跨文化沟通风险
道德风险										员工外包风险
道德风险										员工认知风险
道德风险										创新不足风险
离职风险										服务失败风险
离职风险										跨文化沟通风险
离职风险										员工外包风险
离职风险										员工认知风险
离职风险										创新不足风险
服务失败风险										跨文化沟通风险
服务失败风险										员工外包风险
服务失败风险										员工认知风险
服务失败风险										创新不足风险
跨文化沟通风险										员工外包风险
跨文化沟通风险										员工认知风险
跨文化沟通风险										创新不足风险
员工外包风险										员工认知风险
员工外包风险										创新不足风险
员工认知风险										创新不足风险

问卷结束，谢谢合作！

8.4　ZH-BF 人力资源管理外包风险管理策略与制度

通过前文分析得到的 ZH-BF 人力资源管理外包的风险情况，有必要采取相应的措施进行规避或者消除这些潜在的风险，确保人力资源管理外包的顺利进行，也使人力资源管理外包能够获得预期的效果。从分析可以看出，部分风险是来源于 ZH 公司内部，也有些风险是来源于 BF 公司，所以为了更好地规避和消除各种潜在风险，本文建议如下。

8.4.1　关注 BF(苏州)公司人力资源管理外包整体风险

BF(苏州)公司实施了人力资源管理外包后，ZH 公司就可以将"人、流程、平台" 服务集成为一体(见图 8.5)，为 BF(苏州)公司提供了统一化、标准化、流程化的企业人力资源管理外包服务，并且能够大大地降低 BF(苏州)公司人力资源管理所存在的各种风险产生的概率，关注 BF(苏州)公司内容员工的自身利益，实现以关系为导向，以互利共赢为目标，相互信任的合作关系，也使 BF(苏州)公司人力资源管理外包超越了契约形式，形成了合作形式。

1. 人

ZH 公司结合了新《劳动合同法》的具体要求，以规范化、法制化和专业化为行动的宗旨，为 BF(苏州)公司提供入职、退职管理、薪资福利管理和合同管理等多项业务服务，帮助 BF(苏州)公司的人力资源管理人员脱离了传统的、烦琐的人力资源管理信息和数据收集、管理工作。

2. 流程

ZH 公司借助人力资源管理的经验和知识积淀，为 BF(苏州)公司提供了一系列合理优化人力资源管理流程和整合服务方案，为 BF(苏州)公司的员工薪资管理、福利管理、培训管理、入职和退职管理、员工的招聘管理、合同管理等业务工作制定了统一的操作规范和流程说明，为 BF(苏州)公司提供规范化和个性化的服务。

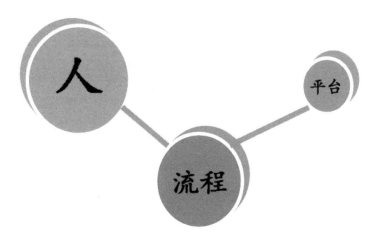

图 8.5　ZH 公司的人力资源流程

3．平台

当前 ZH 公司的人力资源管理外包服务所使用的平台具有世界一流水平，如 Oracle HRMS、SAPHR 和 People Soft HR 等不同系统。能够帮助 BF(苏州)公司高效地实现员工信息管理、精确的时间管理和标准化报表的出具管理等，为企业战略性的人力资源管理活动提供科学的数字化管理方式。

8.4.2　实行人力资源管理外包的协同化

当前 ZH 公司实施人力资源管理外包的系统是具有世界先进水平的 SAP 系统，该系统企业人力资源管理的相关模块为 BF(苏州)公司提供了人力资源管理外包的服务平台，并且具有显著的优势；与此同时，SAP 采取的基于国际标准的业务流程和最佳实践的方式，能够很好地满足人力资源管理数据集中存放与管理的需求，用户可以借助物联网技术实现远程访问、管理，同时 SAP 系统还支持多区域、多语言和多货币的全球化通用管理。

SAP 系统中的人力资源管理外包也可以依据 BF(苏州)公司的企业结构和员工主数据库实现多角度人员统计，SAP 系统通过对人力资源流程的记录，可以自动地跟踪每位员工在 BF(苏州)公司的生命周期，对整个的人力资源管理操作流程进行审核和追踪，进而对敏感数据进行有效的保护，降低人力资源管理数据处理中可能出现的人为干预错误，基于职位——人员匹配的思想实施人力资源管理。

综合分析了 BF(苏州)公司本地化的功能与特征以及我国的基本国情，SAP 系统的功能还需要更加全面，在福利、税收政策、报表生成等方面也要不断地完善功能，还要与企业自身的 ERP 系统实现无缝对接和集成，在严格的结构化授权机制下，SAP 系统要能够实现数据灵活的输入、输出，真正实现 BF(苏州)公司人力资源管理外包的协同化。

8.4.3　实行人力资源管理外包沟通与协调的畅通化

ZH 人力资源管理外包服务团队和专业化人员很多都拥有国内外该行业内很多大型公司的服务背景，这些工作人员并且都具有丰富的实践经验和扎实的理论基础，是企业人力资源管理外包服务的实施、咨询和解决方案方面的专家。

SAP 系统具有三个层面的人力资源管理支持架构，并且具有非常清晰的事件追踪管理和咨询应答程序，可以确保企业人力资源管理的服务质量和服务水平。ZH 公司为客户提供的服务流程都经历了严格的审计和监督，完全能够满足国际会计准则和企业内部行为准则的不同需求。

ZH 公司还设置了遍布全球的支持服务和热点电话，可以将客户的服务升级到 VIP 水平，作为 VIP 客户能够享受 ZH 公司设置的特设电话转接，所有的 VIP 客户线上等待时间大大缩短，同时 ZH 公司的客户经理还扮演了协调人的角色，负责 BF(苏州)公司人力资源管理外包项目服务团队的协调、沟通工作，统筹各项人力资源管理外包的相关业务，在遇到各种问题的时候都会采取相应的措施予以解决，还会定期对 BF(苏州)公司人力资源管理外包项目进行回顾与总结，不断地改进 ZH 公司与 BF(苏州)公司之间的交流与服务水平。

8.5 ZH-BF 人力资源管理外包风险管理措施

通过客观地排序和比较 Borda 值，我们可以发现 BF(苏州)公司人力资源管理外包业务中得到风险的风险级别最高，而管理风险、合同风险、信息泄露风险和逆向选择风险都属于中等级别的风险。

在 ZH 公司的各种风险等级排序当中，不存在等级最高的风险，其中跨文化沟通风险和信息不对称风险属于中等级别的风险；在 BF(苏州)公司员工风险评比当中，也不存在最高级别的风险，其中员工自身风险和员工外包风险都属于中等级别的风险；在 ZH 集团与 BF(苏州)公司的外包项目外部环境的各种风险评比当中也不存在风险级别最高的风险，企业自身的环节风险和市场风险都隶属于中等级别的风险。

综上所述，ZH 集团与 BF(苏州)公司人力资源管理外包项目中不同的价值主体应该采取必要的措施对各种风险进行合理的管理与控制，应对各种潜在的风险(见图 8.6)。

图 8.6　BF 公司风险管理措施

8.5.1 BF 公司的风险管理

BF(苏州)公司主要是基于专业化能力、经济实力、外包合作能力和信息整合能力等四个核心方面来评价和选择人力资源管理外包服务供应商，进而规避逆向选择风险，确保 BF(苏州)公司人力资源管理外包的有效运行。

1. 外包服务供应商的评价与选择

外包服务供应商的经济实力：ZH 公司的投资方是美国最大的 HR 服务供应商——美国富达公司，欧洲最大的工业控股财团之一——瑞典 InvestorAM，以及排名日本全国前五名的企业——日本住友银行等三家全球知名的投资机构组建而成的一家人力资源管理外包服务供应商，所以 ZH 公司拥有着非常雄厚的经济实力。

专业化：ZH 公司是当前国内人力资源管理整体决策方案的供应商，公司拥有非常丰富的管理经验和实践经验，并且被中国香港地区的政策和法律法规所认可；ZH 公司具备高质量的送达承诺；ZH 公司人力资源管理外包服务是基于国际化标准的业务处理流程设计者，拥有大量的人力资源管理领域的专家，并且能够满足客户的不同服务需求。

同时，ZH 公司还可以为客户企业提供全方面、个性化的人力资源管理整体解决方案，公司具有丰富的人力资源管理和薪资福利管理经验，有着专业的技术团队保证服务质量；而且 ZH 公司与客户建立的流程化操作计划也很容易被客户理解和接受，满足客户的各种需求，借助集中化的人力资源数据管理方式，为企业客户控制分支机构和外地组织、企业内部员工的薪资福利管理等都提供支持，为企业的管理层提供这些管理活动所需要的各种材料、数据等。

ZH 公司所提供的人力资源管理解决方案还可以结合客户企业的内部资源，减少客户企业财务报表合并的复杂度，提高客户企业人力资源管理的工作绩效。

ZH 系统支持中文和其他语言，能够支持多种语言操作，还能支持多种货币处理方式，为客户提供非常安全、可靠和高效的人力资源管理服务。

信息整合化：ZH 能够为客户提供科学、整体化的人力资源管理解决方案，内容囊括为客户提供人力资源管理外包服务、人力资源管理技术支持服务和人力资源管理业务共享服务等。

ZH 公司一直都致力于为很多本土优秀企业和跨国公司提供人力资源管理领域全方位的员工考勤管理、福利管理和薪资管理等一体化的解决方案，并且借助当前最先进的技术实现各项解决方案和服务的"最优组合"系统化；并且 ZH 公司还能够针对不同客户个性化的需求，结合客户企业的业务特点，最大化地利用企业自身的优势帮助企业将有限的资源和优势集中专注于企业的核心业务，不断发展和壮大企业内部具有竞争力的各项业务，提高企业人力资源管理的效率和投资回报率，尽可能实现企业增值的最大化。

外包合作化：当前 ZH 公司和全球最大型的协同化电子商务解决方案领域供应商 SAP 集团，同时也是全球最大的企业管理领域的企业建立起合作伙伴关系。SAP 在市场活动、人员培训和销售等各个不同的方面都得到了 SAP 全面支持，能够为 ZH 集团的客户提供优质服务。

SAP 多款行业解决方案可以为不同行业内的企业核心业务运营提供非常得力的支持和帮助，而且 SAP 解决方案还可以为中小型企业以及跨国大企业提供专业化的服务。ZH 集团通过运用 SAP NetWeaver 开发集成与应用平台大大降低了企业在日常经营与管理活动中所面临的各种复杂业务的干扰，降低了企业经营的成本，同时还鼓励企业进行组织创新和变革。同时，mySAP 商务套装软件也能够显著改善全球的企业客户关系，维护不同企业之间的战略合作关系，提高外包合作和价值网的运行效率。

当前 SAP 中国有众多的咨询合作伙伴，例如埃森哲、凯捷、毕博、惠普、德勤、IBM 等著名的咨询公司，这些公司与 SAP 都建立起了非常紧密的合作关系，而这样的战略联盟关系也使ZH集团在市场开拓、市场空间的打造、潜在客户的接触和战略销售的拓展和商业机遇的把握等方面都受益匪浅。

可以说SAP与ZH之间的合作使ZH在人力资源管理领域积累的多年经验和强大的专业团队结合SAP领先的人力资源解决方案，从而使ZH的客户能够更大程度地精简人力资源管理方面的操作流程，实现高效管理企业人力资源各方面的事务。

2. 管理外包服务供应商

首先是声誉管理。ZH集团一直致力于信息化领域的探索和研发，而且信息化能力已成为ZH集团最为核心的竞争优势，一直以来ZH都是以坚持和踏实作为企业经营的理念，积极地开展复杂、大型项目服务活动，并且从中不断地汲取着各种项目经验，进而赢得了很多高标准、优秀企业的信赖，然后ZH不断地复制着这些成功的经验，不断地传播着信任，进而树立起ZH公司在外包行业的信誉。

其次，制定人力资源管理外包标准。人力资源外包管理项目的初始阶段需要专业化的服务，而ZH的人力资源管理外包方案要严格遵循外包服务质量标准和SAP公司制定的实施方法，基于BF(苏州)公司的自身特点和经营现状，以及未来发展需求设计出基于SAP平台的BF(苏州)公司人力资源管理外包流程，构建出合理的SAP人力资源管理外包信息平台，进而替代BF(苏州)公司原有的人力资源管理手工操作，使得整个ZH公司的外包整体方案囊括了服务流程、外包系统的框架机构、系统托管方案、数据模型、HR功能模块的设置、数据转换、表单和数据模板定义、系统用户权限的设定、系统当事人和福利代理工作者指引等。所以，人力资源外包服务需要按照标准化的服务流程进行操作，轻松地处理BF(苏州)公司的人力资源管理外包业务。

此外还要实行人力资源管理的外包业务信息化。依照BF(苏州)公司的实际情况和企业人力资源管理外包的需求，ZH公司设计出的一站式服务可以帮助BF(苏州)公司在基于SAP系统实现远程人力资源管理信息平台的操作和信息交流与共享。与此同时，ZH一站式的服务还可以帮助BF(苏州)公司最大化地利用现有的企业信息平台实现员工的薪资管理、人事管理和企业的组织结构管理等不同功能，同时，考勤系统的实现也有助于数据的收集与集成，帮助设计和培训BF(苏州)公司人力资源管理外包信息交流与服务流程。

最后，还需要实行企业人力资源管理外包的安全与保密。ZH借助集中化管理的平台和流程实现员工数据管理，并且确保数据的实时性和准确性，为系统出具实时的数据报表奠定基础，通过自动化和标准化的提交方式促进ZH实现人力资源管理外包的机密性和流程化操作，维护了BF(苏州)公司人力资源管理信息，同时，BF(苏州)公司员工的薪资报表和运算也是由ZH专门的人力资源管理外包服务人员定期上门服务。

当BF(苏州)公司的人力资源管理受到法律法规影响而发生改变的时候，ZH集团也及时地告知BF(苏州)公司并且征求公司的意见，按照双方提前商定的规则进行人力资源管理外包流程的重新设计与规划，或者对整个系统进行合理化的更改，从而使得系统能够自动生成全新的员工薪资管理和运算规则。

所有的人力资源管理数据操作与处理过程都是被SAP的HR/Payroll外包系统所控制的，BF(苏州)公司可以实时查看人力资源管理的信息处理进度。由于ZH的数据中心具有最新、最先进的设施建设，确保了所有的BF(苏州)公司用户都能够登录到系统中查到自己权限所赋予的数据，并且还拥有完善的灾难恢复和完备的数据备份方案，确保SAP能够完全按照客户的要求实现数据的保密性。而且系统采用的HTTPS下的动态密码管理对交易的安全性进行控制，其次SFTP协议下实现文件的传输也能够确保文件的安全性。

8.5.2 BF 员工风险管理

在整个 BF(苏州)公司人力资源管理外包中，ZH 集团将 BF(苏州)公司员工的满意度作为核心目标，以 BF(苏州)公司员工的需求作为核心价值实施各种服务，并且积极地倡导以服务为导向的企业文化，不断地提高员工工作的积极性，同时以勤勉的工作态度对待 BF(苏州)公司的每项工作，以专业化的企业人力资源管理实施外包服务，提升服务的质量。

勤勉的工作态度、客户的满意度和专业化的服务构成了 ZH 公司的理念和服务指导原则，在人力资源管理外包中，ZH 公司不断地完善着服务理念和流程、提高技术水平帮助 BF(苏州)公司实现企业发展的愿景，实现企业价值。

附 录

层次分析判断矩阵结果

附表 1 决策阶段 BF/领导-ZH/领导间关系(关系 1)相关风险因素的相对权重

关系 1	1	2	3	4	5	6	7	8	9	10	11	12	13	14	Wi
1 决策错误风险	1.0000	2.2255	3.3201	4.9530	4.9530	4.9530	4.9530	4.9530	4.9530	4.9530	4.9530	4.9530	4.9530	4.9530	0.2293
2 逆向选择风险	0.4493	1.0000	1.4918	4.0552	4.0552	4.0552	4.0552	4.0552	4.0552	4.0552	4.0552	4.0552	4.0552	4.0552	0.1651
3 部员工选择风险	0.3012	0.6703	1.0000	4.0552	4.0552	4.0552	4.0552	4.0552	4.0552	4.0552	4.0552	4.0552	4.0552	4.0552	0.1515
4 协调风险	0.2019	0.2466	0.2466	1.0000	1.0000	1.0000	1.0000	1.0000	1.0000	0.8187	1.2214	1.0000	1.0000	1.0000	0.0413
5 道德风险	0.2019	0.2466	0.2466	1.0000	1.0000	1.0000	1.0000	1.0000	1.0000	1.0000	1.0000	1.0000	1.0000	1.0000	0.0413
6 文化沟通风险	0.2019	0.2466	0.2466	1.0000	1.0000	1.0000	1.0000	1.0000	1.0000	1.0000	1.0000	1.0000	1.0000	1.0000	0.0413
7 员工认知风险	0.2019	0.2466	0.2466	1.0000	1.0000	1.0000	1.0000	1.0000	1.0000	1.0000	1.0000	1.0000	1.0000	1.0000	0.0413
8 环境匹配风险	0.2019	0.2466	0.2466	1.0000	1.0000	1.0000	1.0000	1.0000	1.0000	1.2214	1.0000	1.0000	1.0000	1.0000	0.0419
9 额外成本风险	0.2019	0.2466	0.2466	1.0000	1.0000	1.0000	1.0000	1.0000	1.0000	1.0000	1.0000	1.0000	1.0000	1.0000	0.0413
10 离职风险	0.2019	0.2466	0.2466	1.2214	1.0000	1.0000	1.0000	0.8187	1.0000	1.0000	1.0000	1.0000	1.0000	1.0000	0.0413
11 信息泄露风险	0.2019	0.2466	0.2466	0.8187	1.0000	1.0000	1.0000	1.0000	1.0000	1.0000	1.0000	1.0000	1.0000	1.0000	0.0407
12 服务失败风险	0.2019	0.2466	0.2466	1.0000	1.0000	1.0000	1.0000	1.0000	1.0000	1.0000	1.0000	1.0000	1.0000	1.0000	0.0413
13 员工外包风险	0.2019	0.2466	0.2466	1.0000	1.0000	1.0000	1.0000	1.0000	1.0000	1.0000	1.0000	1.0000	1.0000	1.0000	0.0413
14 创新不足风险	0.2019	0.2466	0.2466	1.0000	1.0000	1.0000	1.0000	1.0000	1.0000	1.0000	1.0000	1.0000	1.0000	1.0000	0.0413

附表 2　决策阶段 BF/HR-ZH/HR 间关系(关系 2)相关风险因素的相对权重

关系 2	1	2	3	4	5	6	7	8	9	10	11	12	13	14	权重
1 决策错误风险	1.0000	1.0000	1.0000	1.0000	1.0000	1.0000	1.0000	1.0000	0.2019	0.2466	1.0000	1.0000	1.0000	1.0000	0.0466
2 环境匹配风险	1.0000	1.0000	1.0000	1.0000	1.0000	1.0000	1.0000	1.0000	0.2019	0.2019	1.0000	1.0000	1.0000	1.0000	0.0460
3 额外成本风险	1.0000	1.0000	1.0000	1.0000	1.0000	1.0000	1.0000	1.0000	0.2019	0.2466	1.0000	1.0000	1.0000	1.0000	0.0466
4 离职风险	1.0000	1.0000	1.0000	1.0000	1.0000	1.0000	1.0000	1.0000	0.2019	0.2019	1.0000	1.0000	1.0000	1.0000	0.0460
5 信息泄露	1.0000	1.0000	1.0000	1.0000	1.0000	1.0000	1.0000	1.0000	0.2019	0.2019	1.0000	1.0000	1.0000	1.0000	0.0460
6 服务失败	1.0000	1.0000	1.0000	1.0000	1.0000	1.0000	1.0000	1.0000	0.2019	0.2466	1.0000	1.0000	1.0000	1.0000	0.0466
7 员工外包风险	1.0000	1.0000	1.0000	1.0000	1.0000	1.0000	1.0000	1.0000	0.2019	0.2019	1.0000	1.0000	1.0000	1.0000	0.0460
8 创新不足风险	1.0000	1.0000	1.0000	1.0000	1.0000	1.0000	1.0000	1.0000	0.2019	0.2019	1.0000	1.0000	1.0000	1.0000	0.0460
9 逆向选择风险	4.9530	4.9530	4.9530	4.9530	4.9530	4.9530	4.9530	4.9530	1.0000	1.4918	4.9530	4.9530	4.9530	4.9530	0.2343
10 内部员工风险	4.0552	4.9530	4.0552	4.9530	4.9530	4.9530	4.0552	4.9530	0.6703	1.0000	4.9530	4.9530	4.9530	4.9530	0.2120
11 协调风险	1.0000	1.0000	1.0000	1.0000	1.0000	1.0000	1.0000	1.0000	0.2019	0.2019	1.0000	1.0000	1.0000	1.0000	0.0460
12 道德风险	1.0000	1.0000	1.0000	1.0000	1.0000	1.0000	1.0000	1.0000	0.2019	0.2019	1.0000	1.0000	1.0000	1.0000	0.0460
13 跨文化沟通	1.0000	1.0000	1.0000	1.0000	1.0000	1.0000	1.0000	1.0000	0.2019	0.2019	1.0000	1.0000	1.0000	1.0000	0.0460
14 员工认知	1.0000	1.0000	1.0000	1.0000	1.0000	1.0000	1.0000	1.0000	0.2019	0.2019	1.0000	1.0000	1.0000	1.0000	0.0460

附表 3　决策阶段 BF/用工-ZH/HR 间关系(关系 3)相关风险因素的相对权重

关系 3	1	2	3	4	5	6	7	8	9	10	11	12	13	14	Wi
1 决策错误风险	1.0000	1.0000	1.0000	0.2019	0.2466	1.0000	1.0000	1.0000	1.0000	1.0000	1.0000	1.0000	1.0000	1.0000	0.0467
2 环境匹配风险	1.0000	1.0000	1.0000	0.2466	0.2019	1.0000	1.0000	1.0000	1.0000	1.0000	1.0000	1.0000	1.0000	1.0000	0.0467
3 信息泄露	1.0000	1.0000	1.0000	0.2019	0.2019	1.0000	1.0000	1.0000	1.0000	1.0000	1.0000	1.0000	1.0000	1.0000	0.0461
4 逆向选择风险	4.9530	4.0552	4.9530	1.0000	1.4918	4.9530	4.9530	4.9530	4.9530	4.9530	4.9530	4.9530	4.9530	4.9530	0.2316
5 内部员工风险	4.0552	4.9530	4.9530	0.6703	1.0000	4.9530	4.0552	4.9530	4.0552	4.9530	4.9530	4.9530	4.9530	4.9530	0.2125
6 额外成本风险	1.0000	1.0000	1.0000	0.2019	0.2019	1.0000	1.0000	1.0000	1.0000	1.0000	1.0000	1.0000	1.0000	1.0000	0.0461
7 协调风险	1.0000	1.0000	1.0000	0.2019	0.2466	1.0000	1.0000	1.0000	1.0000	1.0000	1.0000	1.0000	1.0000	1.0000	0.0467
8 道德风险	1.0000	1.0000	1.0000	0.2019	0.2019	1.0000	1.0000	1.0000	1.0000	1.0000	1.0000	1.0000	1.0000	1.0000	0.0461
9 离职风险	1.0000	1.0000	1.0000	0.2019	0.2466	1.0000	1.0000	1.0000	1.0000	0.8187	1.2214	1.2214	0.8187	1.2214	0.0474
10 服务失败	1.0000	1.0000	1.0000	0.2019	0.2019	1.0000	1.0000	1.0000	1.2214	0.8187	1.0000	1.2214	1.2214	1.2214	0.0488
11 跨文化沟通	1.0000	1.0000	1.0000	0.2019	0.2019	1.0000	1.0000	1.0000	0.8187	0.8187	1.0000	1.2214	1.2214	1.2214	0.0474
12 员工外包认知	1.0000	1.0000	1.0000	0.2019	0.2019	1.0000	1.0000	1.0000	0.8187	0.8187	0.8187	1.0000	1.2214	1.2214	0.0454
13 员工认知	1.0000	1.0000	1.0000	0.2019	0.2019	1.0000	1.0000	1.0000	1.2214	0.8187	0.8187	0.8187	1.0000	1.2214	0.0454
14 创新不足风险	1.0000	1.0000	1.0000	0.2019	0.2019	1.0000	1.0000	1.0000	0.8187	0.8187	0.8187	0.8187	0.8187	1.0000	0.0429

附录　层次分析判断矩阵结果

附表 4　选择阶段 BF/领导-ZH/领导(关系 1)相关风险因素的相对权重

关系 1	1	2	3	4	5	6	7	8	9	10	11	12	13	14	Wi
1 决策错误风险	1.0000	1.0000	1.0000	1.0000	1.0000	1.0000	0.1250	1.0000	1.0000	1.0000	1.0000	1.0000	1.0000	0.1250	0.0341
2 逆向选择风险	1.0000	1.0000	8.0000	8.0000	8.0000	8.0000	1.0000	8.0000	8.0000	8.0000	8.0000	8.0000	8.0000	1.0000	**0.2025**
3 内部员工风险	1.0000	0.1250	1.0000	1.0000	1.0000	1.0000	0.1250	1.0000	1.0000	1.0000	1.0000	1.0000	1.0000	0.1250	0.0294
4 协调风险	1.0000	0.1250	1.0000	1.0000	1.0000	1.0000	0.1250	1.0000	1.0000	1.0000	1.0000	1.0000	1.0000	0.1250	0.0294
5 道德风险	1.0000	0.1250	1.0000	1.0000	1.0000	1.0000	0.1250	1.0000	1.0000	1.0000	1.0000	1.0000	1.0000	0.1250	0.0294
6 跨文化沟通	1.0000	0.1250	1.0000	1.0000	1.0000	1.0000	0.1250	1.0000	1.0000	1.0000	1.0000	1.0000	1.0000	0.1250	0.0294
7 企业合同风险	8.0000	1.0000	8.0000	8.0000	8.0000	8.0000	1.0000	8.0000	8.0000	8.0000	8.0000	8.0000	8.0000	1.0000	**0.2349**
8 环境匹配风险	1.0000	0.1250	1.0000	1.0000	1.0000	1.0000	0.1250	1.0000	1.0000	1.0000	1.0000	1.0000	1.0000	0.1250	0.0294
9 额外成本风险	1.0000	0.1250	1.0000	1.0000	1.0000	1.0000	0.1250	1.0000	1.0000	1.0000	1.0000	1.0000	1.0000	0.1250	0.0294
10 离职风险	1.0000	0.1250	1.0000	1.0000	1.0000	1.0000	0.1250	1.0000	1.0000	1.0000	1.0000	1.0000	1.0000	0.1250	0.0294
11 信息泄露	1.0000	0.1250	1.0000	1.0000	1.0000	1.0000	0.1250	1.0000	1.0000	1.0000	1.0000	1.0000	1.0000	0.1250	0.0294
12 合谋风险	1.0000	0.1250	1.0000	1.0000	1.0000	1.0000	0.1250	1.0000	1.0000	1.0000	1.0000	1.0000	1.0000	0.1250	0.0294
13 员工外包风险	1.0000	0.1250	1.0000	1.0000	1.0000	1.0000	0.1250	1.0000	1.0000	1.0000	1.0000	1.0000	1.0000	0.1250	0.0294
14 外包合同风险	8.0000	1.0000	8.0000	8.0000	8.0000	8.0000	1.0000	8.0000	8.0000	8.0000	8.0000	8.0000	8.0000	1.0000	**0.2349**

附表 5　选择阶段 BF/HR-ZH/HR(关系 2)相关风险因素的相对权重

关系 2	1	2	3	4	5	6	7	8	9	10	11	12	13	14	Wi
1 决策错误风险	1.0000	1.0000	1.0000	1.0000	1.0000	1.0000	1.0000	0.1250	0.1250	1.0000	1.0000	1.0000	1.0000	0.1250	0.0286
2 环境匹配风险	1.0000	1.0000	1.0000	1.0000	1.0000	1.0000	1.0000	0.1250	0.1250	1.0000	1.0000	1.0000	1.0000	0.1250	0.0286
3 额外成本风险	1.0000	1.0000	1.0000	1.0000	1.0000	1.0000	1.0000	0.1250	0.1250	1.0000	1.0000	1.0000	1.0000	0.1250	0.0286
4 离职风险	1.0000	1.0000	1.0000	1.0000	1.0000	1.0000	1.0000	0.1250	0.1250	1.0000	1.0000	1.0000	1.0000	0.1250	0.0286
5 信息泄露	1.0000	1.0000	1.0000	1.0000	1.0000	1.0000	1.0000	0.1250	0.1250	1.0000	1.0000	1.0000	1.0000	0.1250	0.0286
6 合谋风险	1.0000	1.0000	1.0000	1.0000	1.0000	1.0000	1.0000	0.1250	0.1250	1.0000	1.0000	1.0000	1.0000	0.1250	0.0286
7 员工外包风险	1.0000	1.0000	1.0000	1.0000	1.0000	1.0000	1.0000	0.1250	0.1250	1.0000	1.0000	1.0000	1.0000	0.1250	0.0286
8 外包商合同风险	8.0000	8.0000	8.0000	8.0000	8.0000	8.0000	8.0000	1.0000	1.0000	8.0000	8.0000	8.0000	8.0000	1.0000	0.2286
9 逆向选择风险	8.0000	8.0000	8.0000	8.0000	8.0000	8.0000	8.0000	1.0000	1.0000	8.0000	8.0000	8.0000	8.0000	1.0000	0.2286
10 内部员工风险	1.0000	1.0000	1.0000	1.0000	1.0000	1.0000	1.0000	0.1250	0.1250	1.0000	1.0000	1.0000	1.0000	0.1250	0.0286
11 协调风险	1.0000	1.0000	1.0000	1.0000	1.0000	1.0000	1.0000	0.1250	0.1250	1.0000	1.0000	1.0000	1.0000	0.1250	0.0286
12 道德风险	1.0000	1.0000	1.0000	1.0000	1.0000	1.0000	1.0000	0.1250	0.1250	1.0000	1.0000	1.0000	1.0000	0.1250	0.0286
13 跨文化沟通	1.0000	1.0000	1.0000	1.0000	1.0000	1.0000	1.0000	0.1250	0.1250	1.0000	1.0000	1.0000	1.0000	0.1250	0.0286
14 企业合同风险	8.0000	8.0000	8.0000	8.0000	8.0000	8.0000	8.0000	1.0000	1.0000	8.0000	8.0000	8.0000	8.0000	1.0000	0.2286

附表 6　选择阶段 BF/用工-ZH/HR(关系 3)相关风险因素的相对权重

关系 3	1	2	3	4	5	6	7	8	9	10	11	12	13	14	Wi
1 决策错误风险	1.0000	1.0000	1.0000	0.1250	1.0000	1.0000	1.0000	1.0000	1.0000	1.0000	1.0000	1.0000	1.0000	1.0000	0.0471
2 环境匹配风险	1.0000	1.0000	1.0000	0.1250	1.0000	1.0000	1.0000	1.0000	1.0000	1.0000	1.0000	1.0000	1.0000	1.0000	0.0471
3 信息泄露	1.0000	1.0000	1.0000	0.1250	1.0000	1.0000	1.0000	1.0000	1.0000	1.0000	1.0000	1.0000	1.0000	1.0000	0.0471
4 逆向选择风险	8.0000	8.0000	8.0000	1.0000	8.0000	8.0000	8.0000	8.0000	9.0000	9.0000	9.0000	9.0000	8.0000	8.0000	0.3895
5 内部员工风险	1.0000	1.0000	1.0000	0.1250	1.0000	1.0000	1.0000	1.0000	1.0000	1.0000	1.0000	1.0000	1.0000	1.0000	0.0471
6 额外成本风险	1.0000	1.0000	1.0000	0.1250	1.0000	1.0000	1.0000	1.0000	1.0000	1.0000	1.0000	1.0000	1.0000	1.0000	0.0471
7 协调风险	1.0000	1.0000	1.0000	0.1250	1.0000	1.0000	1.0000	1.0000	1.0000	1.0000	1.0000	1.0000	1.0000	1.0000	0.0471
8 道德风险	1.0000	1.0000	1.0000	0.1111	1.0000	1.0000	1.0000	1.0000	1.0000	1.0000	1.0000	1.0000	1.0000	1.0000	0.0467
9 离职风险	1.0000	1.0000	1.0000	0.1111	1.0000	1.0000	1.0000	1.0000	1.0000	1.0000	1.0000	1.0000	1.0000	1.0000	0.0467
10 合谋风险	1.0000	1.0000	1.0000	0.1111	1.0000	1.0000	1.0000	1.0000	1.0000	1.0000	1.0000	1.0000	1.0000	1.0000	0.0467
11 跨文化沟通	1.0000	1.0000	1.0000	0.1250	1.0000	1.0000	1.0000	1.0000	1.0000	1.0000	1.0000	1.0000	1.0000	1.0000	0.0471
12 员工外包风险	1.0000	1.0000	1.0000	0.1250	1.0000	1.0000	1.0000	1.0000	1.0000	1.0000	1.0000	1.0000	1.0000	1.0000	0.0471
13 企业合同风险	1.0000	1.0000	1.0000	0.1250	1.0000	1.0000	1.0000	1.0000	1.0000	1.0000	1.0000	1.0000	1.0000	1.0000	0.0471
14 外包商合同风险	1.0000	1.0000	1.0000	0.1250	1.0000	1.0000	1.0000	1.0000	1.0000	1.0000	1.0000	1.0000	1.0000	1.0000	0.0471

附表 7　选择阶段 BF/用工-员工(关系 5)相关风险因素的相对权重

关系 5	1	2	3	4	5	6	7	8	9	10	11	12	13	14	Wi
1 决策错误风险	1.0000	0.1250	1.0000	1.0000	1.0000	1.0000	1.0000	1.0000	1.0000	0.1250	1.0000	1.0000	1.0000	1.0000	0.0357
2 逆向选择风险	8.0000	1.0000	8.0000	8.0000	8.0000	8.0000	8.0000	8.0000	8.0000	1.0000	8.0000	8.0000	8.0000	8.0000	0.2857
3 环境匹配风险	1.0000	0.1250	1.0000	1.0000	1.0000	1.0000	1.0000	1.0000	1.0000	0.1250	1.0000	1.0000	1.0000	1.0000	0.0357
4 内部员工风险	1.0000	0.1250	1.0000	1.0000	1.0000	1.0000	1.0000	1.0000	1.0000	0.1250	1.0000	1.0000	1.0000	1.0000	0.0357
5 额外成本风险	1.0000	0.1250	1.0000	1.0000	1.0000	1.0000	1.0000	1.0000	1.0000	0.1250	1.0000	1.0000	1.0000	1.0000	0.0357
6 协调风险	1.0000	0.1250	1.0000	1.0000	1.0000	1.0000	1.0000	1.0000	1.0000	0.1250	1.0000	1.0000	1.0000	1.0000	0.0357
7 道德风险	1.0000	0.1250	1.0000	1.0000	1.0000	1.0000	1.0000	1.0000	1.0000	0.1250	1.0000	1.0000	1.0000	1.0000	0.0357
8 离职风险	1.0000	0.1250	1.0000	1.0000	1.0000	1.0000	1.0000	1.0000	1.0000	0.1250	1.0000	1.0000	1.0000	1.0000	0.0357
9 信息泄露	1.0000	0.1250	1.0000	1.0000	1.0000	1.0000	1.0000	1.0000	1.0000	0.1250	1.0000	1.0000	1.0000	1.0000	0.0357
10 合谋风险	8.0000	1.0000	8.0000	8.0000	8.0000	8.0000	8.0000	8.0000	8.0000	1.0000	8.0000	8.0000	8.0000	8.0000	0.2857
11 跨文化沟通	1.0000	0.1250	1.0000	1.0000	1.0000	1.0000	1.0000	1.0000	1.0000	0.1250	1.0000	1.0000	1.0000	1.0000	0.0357
12 员工外包风险	1.0000	0.1250	1.0000	1.0000	1.0000	1.0000	1.0000	1.0000	1.0000	0.1250	1.0000	1.0000	1.0000	1.0000	0.0357
13 企业合同风险	1.0000	0.1250	1.0000	1.0000	1.0000	1.0000	1.0000	1.0000	1.0000	0.1250	1.0000	1.0000	1.0000	1.0000	0.0357
14 外包商合同风险	1.0000	0.1250	1.0000	1.0000	1.0000	1.0000	1.0000	1.0000	1.0000	0.1250	1.0000	1.0000	1.0000	1.0000	0.0357

附表 8　选择阶段 ZH/HR-员工(关系 6)相关风险因素的相对权重

关系 6	1	2	3	4	5	6	7	8	9	10	11	12	13	14	Wi
1 决策错误风险	1.0000	1.0000	1.0000	1.0000	1.0000	1.0000	1.0000	1.0000	1.0000	0.1250	1.0000	1.0000	1.0000	1.0000	0.0476
2 逆向选择风险	1.0000	1.0000	1.0000	1.0000	1.0000	1.0000	1.0000	1.0000	1.0000	0.1250	1.0000	1.0000	1.0000	1.0000	0.0476
3 环境匹配风险	1.0000	1.0000	1.0000	1.0000	1.0000	1.0000	1.0000	1.0000	1.0000	0.1250	1.0000	1.0000	1.0000	1.0000	0.0476
4 内部员工风险	1.0000	1.0000	1.0000	1.0000	1.0000	1.0000	1.0000	1.0000	1.0000	0.1250	1.0000	1.0000	1.0000	1.0000	0.0476
5 额外成本风险	1.0000	1.0000	1.0000	1.0000	1.0000	1.0000	1.0000	1.0000	1.0000	0.1250	1.0000	1.0000	1.0000	1.0000	0.0476
6 协调风险	1.0000	1.0000	1.0000	1.0000	1.0000	1.0000	1.0000	1.0000	1.0000	0.1250	1.0000	1.0000	1.0000	1.0000	0.0476
7 道德风险	1.0000	1.0000	1.0000	1.0000	1.0000	1.0000	1.0000	1.0000	1.0000	0.1250	1.0000	1.0000	1.0000	1.0000	0.0476
8 离职风险	1.0000	1.0000	1.0000	1.0000	1.0000	1.0000	1.0000	1.0000	1.0000	0.1250	1.0000	1.0000	1.0000	1.0000	0.0476
9 信息泄露	1.0000	1.0000	1.0000	1.0000	1.0000	1.0000	1.0000	1.0000	1.0000	0.1250	1.0000	1.0000	1.0000	1.0000	0.0476
10 合谋风险	8.0000	8.0000	8.0000	8.0000	8.0000	8.0000	8.0000	8.0000	8.0000	1.0000	8.0000	8.0000	8.0000	8.0000	0.3810
11 跨文化沟通	1.0000	1.0000	1.0000	1.0000	1.0000	1.0000	1.0000	1.0000	1.0000	0.1250	1.0000	1.0000	1.0000	1.0000	0.0476
12 员工外包风险	1.0000	1.0000	1.0000	1.0000	1.0000	1.0000	1.0000	1.0000	1.0000	0.1250	1.0000	1.0000	1.0000	1.0000	0.0476
13 企业合同风险	1.0000	1.0000	1.0000	1.0000	1.0000	1.0000	1.0000	1.0000	1.0000	0.1250	1.0000	1.0000	1.0000	1.0000	0.0476
14 外包商合同风险	1.0000	1.0000	1.0000	1.0000	1.0000	1.0000	1.0000	1.0000	1.0000	0.1250	1.0000	1.0000	1.0000	1.0000	0.0476

附表 9　选择阶段 BF/HR-员工(关系 4)相关风险因素的相对权重

关系 4	1	2	3	4	5	6	7	8	9	10	11	12	13	14	Wi
1 决策错误风险	1.0000	0.1250	1.0000	1.0000	1.0000	1.0000	1.0000	1.0000	1.0000	0.1250	1.0000	1.0000	1.0000	1.0000	0.0357
2 逆向选择风险	8.0000	1.0000	8.0000	8.0000	8.0000	8.0000	8.0000	8.0000	8.0000	1.0000	8.0000	8.0000	8.0000	8.0000	0.2857
3 环境匹配风险	1.0000	0.1250	1.0000	1.0000	1.0000	1.0000	1.0000	1.0000	1.0000	0.1250	1.0000	1.0000	1.0000	1.0000	0.0357
4 内部员工风险	1.0000	0.1250	1.0000	1.0000	1.0000	1.0000	1.0000	1.0000	1.0000	0.1250	1.0000	1.0000	1.0000	1.0000	0.0357
5 额外成本风险	1.0000	0.1250	1.0000	1.0000	1.0000	1.0000	1.0000	1.0000	1.0000	0.1250	1.0000	1.0000	1.0000	1.0000	0.0357
6 协调风险	1.0000	0.1250	1.0000	1.0000	1.0000	1.0000	1.0000	1.0000	1.0000	0.1250	1.0000	1.0000	1.0000	1.0000	0.0357
7 道德风险	1.0000	0.1250	1.0000	1.0000	1.0000	1.0000	1.0000	1.0000	1.0000	0.1250	1.0000	1.0000	1.0000	1.0000	0.0357
8 离职风险	1.0000	0.1250	1.0000	1.0000	1.0000	1.0000	1.0000	1.0000	1.0000	0.1250	1.0000	1.0000	1.0000	1.0000	0.0357
9 信息泄露	1.0000	0.1250	1.0000	1.0000	1.0000	1.0000	1.0000	1.0000	1.0000	0.1250	1.0000	1.0000	1.0000	1.0000	0.0357
10 合谋风险	8.0000	1.0000	8.0000	8.0000	8.0000	8.0000	8.0000	8.0000	8.0000	1.0000	8.0000	8.0000	8.0000	8.0000	0.2857
11 跨文化沟通	1.0000	0.1250	1.0000	1.0000	1.0000	1.0000	1.0000	1.0000	1.0000	0.1250	1.0000	1.0000	1.0000	1.0000	0.0357
12 员工外包风险	1.0000	0.1250	1.0000	1.0000	1.0000	1.0000	1.0000	1.0000	1.0000	0.1250	1.0000	1.0000	1.0000	1.0000	0.0357
13 企业合同风险	1.0000	0.1250	1.0000	1.0000	1.0000	1.0000	1.0000	1.0000	1.0000	0.1250	1.0000	1.0000	1.0000	1.0000	0.0357
14 外包商合同风险	1.0000	0.1250	1.0000	1.0000	1.0000	1.0000	1.0000	1.0000	1.0000	0.1250	1.0000	1.0000	1.0000	1.0000	0.0357

附表 10　执行阶段 BF/HR-ZH/HR 间关系(关系 2)相关风险因素的相对权重

关系 2	1	2	3	4	5	6	7	8	9	10	11	12	13	14	Wi
1 决策错误风险	1.0000	1.0000	0.2019	0.8187	0.2019	0.2019	0.2019	0.2019	1.0000	1.0000	0.2019	0.2019	0.2019	0.8187	0.0221
2 环境匹配风险	1.0000	1.0000	0.2019	0.8187	0.2019	0.2019	0.2019	0.2019	1.0000	1.0000	0.2019	0.2019	0.2019	0.8187	0.0221
3 额外成本风险	4.9530	4.9530	1.0000	1.0000	1.0000	1.0000	1.0000	1.0000	4.9530	4.9530	1.0000	1.0000	1.0000	4.0552	0.0989
4 离职风险	1.2214	1.2214	1.0000	1.0000	0.2466	0.2466	0.2466	0.2466	0.2466	1.2214	0.2466	0.2466	0.2466	1.0000	0.0266
5 信息泄露	4.9530	4.9530	1.0000	4.0552	1.0000	1.0000	1.0000	1.0000	4.9530	4.9530	1.0000	1.0000	1.0000	4.0552	0.1093
6 服务失败	4.9530	4.9530	1.0000	4.0552	1.0000	1.0000	1.0000	1.0000	4.9530	4.9530	1.0000	1.0000	1.0000	4.0552	0.1093
7 员工外包风险	4.9530	4.9530	1.0000	4.0552	1.0000	1.0000	1.0000	1.0000	4.9530	4.9530	1.0000	1.0000	1.0000	4.0552	0.1093
8 创新不足风险	4.9530	4.9530	1.0000	4.0552	1.0000	1.0000	1.0000	1.0000	1.0000	4.9530	1.0000	1.0000	1.0000	4.0552	0.0975
9 逆向选择风险	1.0000	1.0000	0.2019	0.8187	0.2019	0.2019	0.2019	1.0000	1.0000	1.0000	0.2019	0.2019	0.2019	0.8187	0.0277
10 内部员工风险	1.0000	1.0000	0.2019	0.8187	0.2019	0.2019	0.2019	0.2019	1.0000	1.0000	0.2019	0.2019	0.2019	0.8187	0.0221
11 协调风险	4.9530	4.9530	1.0000	4.0552	1.0000	1.0000	1.0000	1.0000	4.9530	4.9530	1.0000	1.0000	1.0000	4.0552	0.1093
12 道德风险	4.9530	4.9530	1.0000	4.0552	1.0000	1.0000	1.0000	1.0000	4.9530	4.9530	1.0000	1.0000	1.0000	4.0552	0.1093
13 跨文化沟通	4.9530	4.9530	1.0000	4.0552	1.0000	1.0000	1.0000	1.0000	4.9530	4.9530	1.0000	1.0000	1.0000	4.0552	0.1093
14 员工认知	1.2214	1.2214	0.2466	1.0000	0.2466	0.2466	0.2466	0.2466	1.2214	1.2214	0.2466	0.2466	0.2466	1.0000	0.0270

附表 11 执行阶段 BF/用工-ZH/HR(关系 3)相关风险因素的相对权重

关系 3	1	2	3	4	5	6	7	8	9	10	11	12	13	14	Wi
1 决策错误风险	1.0000	1.0000	0.2019	1.0000	1.0000	0.2019	0.2019	0.2019	0.8187	0.2019	0.2019	0.2019	0.8187	0.2019	0.0217
2 环境匹配风险	1.0000	1.0000	0.2019	1.0000	1.0000	0.2019	0.2019	0.2019	0.8187	0.2019	0.2019	0.2019	0.8187	0.2019	0.0217
3 信息泄露	4.9530	4.9530	1.0000	4.9530	4.9530	4.9530	1.0000	1.0000	4.0552	1.0000	1.0000	1.0000	4.0552	1.0000	0.1204
4 逆向选择风险	1.0000	1.0000	0.2019	1.0000	1.0000	0.2019	0.2019	0.2019	0.8187	0.2019	0.2019	0.2019	0.8187	0.2019	0.0217
5 内部员工风险	1.0000	1.0000	0.2019	1.0000	1.0000	0.2019	0.2019	0.2019	0.8187	0.2019	0.2019	0.2019	0.8187	0.2019	0.0217
6 额外成本风险	4.9530	4.9530	0.2019	4.9530	4.9530	1.0000	1.0000	1.0000	4.0552	1.0000	1.0000	1.0000	4.0552	1.0000	0.0958
7 协调风险	4.9530	4.9530	1.0000	4.9530	4.9530	1.0000	1.0000	1.0000	4.0552	1.0000	1.0000	1.0000	4.0552	1.0000	0.1074
8 道德风险	4.9530	4.9530	1.0000	4.9530	4.9530	1.0000	1.0000	1.0000	4.0552	1.0000	1.0000	1.0000	4.0552	1.0000	0.1074
9 离职风险	1.2214	1.2214	0.2466	1.2214	1.2214	0.2466	0.2466	0.2466	1.0000	0.2466	0.2466	0.2466	1.0000	0.2466	0.0265
10 服务失败	4.9530	4.9530	1.0000	4.9530	4.9530	1.0000	1.0000	1.0000	4.0552	1.0000	1.0000	1.0000	4.0552	1.0000	0.1074
11 跨文化沟通	4.9530	4.9530	1.0000	4.9530	4.9530	1.0000	1.0000	1.0000	4.0552	1.0000	1.0000	1.0000	4.0552	1.0000	0.1074
12 员工外包风险	4.9530	4.9530	1.0000	4.9530	4.9530	1.0000	1.0000	1.0000	4.0552	1.0000	1.0000	1.0000	4.0552	1.0000	0.1074
13 员工认知	1.2214	1.2214	0.2466	1.2214	1.2214	0.2466	0.2466	0.2466	1.0000	0.2466	0.2466	0.2466	1.0000	0.2466	0.0265
14 创新不足风险	4.9530	4.9530	1.0000	4.9530	4.9530	1.0000	1.0000	1.0000	4.0552	1.0000	1.0000	1.0000	4.0552	1.0000	0.1074

附录 层次分析判断矩阵结果

附表 12 执行阶段 BF/用工-员工(关系 5)相关风险因素的相对权重

关系 5	1	2	3	4	5	6	7	8	9	10	11	12	13	14	Wi
1 决策错误风险	1.0000	1.0000	1.0000	1.0000	0.2019	0.2019	0.2019	0.2019	0.2019	0.8187	0.2019	0.2019	0.2019	0.2019	0.0201
2 逆向选择风险	1.0000	1.0000	1.0000	1.0000	0.2019	0.2019	0.2019	0.2019	0.2019	0.8187	0.2019	0.2019	0.2019	0.2019	0.0201
3 环境匹配风险	1.0000	1.0000	1.0000	1.0000	0.2019	0.2019	0.2019	0.2019	0.2019	0.8187	0.2019	0.2019	0.2019	0.2019	0.0201
4 内部员工风险	1.0000	1.0000	1.0000	1.0000	0.2019	0.2019	0.2019	0.2019	0.2019	0.8187	0.2019	0.2019	0.2019	0.2019	0.0201
5 额外成本风险	4.9530	4.9530	4.9530	4.9530	1.0000	1.0000	1.0000	1.0000	1.0000	4.0552	1.0000	1.0000	1.0000	1.0000	0.0995
6 协调风险	4.9530	4.9530	4.9530	4.9530	1.0000	1.0000	1.0000	1.0000	1.0000	4.0552	1.0000	1.0000	1.0000	1.0000	0.0995
7 道德风险	4.9530	4.9530	4.9530	4.9530	1.0000	1.0000	1.0000	1.0000	1.0000	4.0552	1.0000	1.0000	1.0000	1.0000	0.0995
8 离职风险	4.9530	4.9530	4.9530	4.9530	1.0000	1.0000	1.0000	1.0000	1.0000	4.0552	1.0000	1.0000	1.0000	1.0000	0.0995
9 信息泄露	4.9530	4.9530	4.9530	4.9530	1.0000	1.0000	1.0000	1.0000	1.0000	4.0552	1.0000	1.0000	1.0000	1.0000	0.0995
10 服务失败	1.2214	1.2214	1.2214	1.2214	0.2466	0.2466	0.2466	0.2466	0.2466	1.0000	0.2466	0.2466	0.2466	0.2466	0.0245
11 跨文化沟通	4.9530	4.9530	4.9530	4.9530	1.0000	1.0000	1.0000	1.0000	1.0000	4.0552	1.0000	1.0000	1.0000	1.0000	0.0995
12 员工外包风险	4.9530	4.9530	4.9530	4.9530	1.0000	1.0000	1.0000	1.0000	1.0000	4.0552	1.0000	1.0000	1.0000	1.0000	0.0995
13 员工认知	4.9530	4.9530	4.9530	4.9530	1.0000	1.0000	1.0000	1.0000	1.0000	4.0552	1.0000	1.0000	1.0000	1.0000	0.0995
14 创新不足风险	4.9530	4.9530	4.9530	4.9530	1.0000	1.0000	1.0000	1.0000	1.0000	4.0552	1.0000	1.0000	1.0000	1.0000	0.0995

附表 13　选择阶段 ZH/HR-员工(关系 6)相关风险因素的相对权

关系 6	1	2	3	4	5	6	7	8	9	10	11	12	13	14	Wi
1 决策错误风险	1.0000	1.0000	1.0000	1.0000	0.2019	0.2019	0.2019	0.2019	0.2019	0.2019	0.2019	0.2019	0.2019	0.2019	0.0177
2 逆向选择风险	1.0000	1.0000	1.0000	1.0000	0.2019	0.2019	0.2019	0.2019	0.2019	0.2019	0.2019	0.2019	0.2019	0.2019	0.0177
3 环境匹配风险	1.0000	1.0000	1.0000	1.0000	0.2019	0.2019	0.2019	0.2019	0.2019	0.2019	0.2019	0.2019	0.2019	0.2019	0.0177
4 内部员工风险	1.0000	1.0000	1.0000	1.0000	0.2019	0.2019	0.2019	0.2019	0.2019	0.2019	0.2019	0.2019	0.2019	0.2019	0.0177
5 额外成本风险	4.9530	4.9530	4.9530	4.9530	1.0000	1.0000	1.0000	1.0000	1.0000	1.0000	1.0000	1.0000	0.2466	1.0000	0.0793
6 协调风险	4.9530	4.9530	4.9530	4.9530	1.0000	1.0000	1.0000	1.0000	1.0000	1.0000	1.0000	1.0000	0.2466	1.0000	0.0793
7 道德风险	4.9530	4.9530	4.9530	4.9530	1.0000	1.0000	1.0000	1.0000	1.0000	1.0000	1.0000	1.0000	0.2466	1.0000	0.0793
8 离职风险	4.9530	4.9530	4.9530	4.9530	1.0000	1.0000	1.0000	1.0000	1.0000	1.0000	1.0000	1.0000	0.2466	1.0000	0.0793
9 信息泄露	4.9530	4.9530	4.9530	4.9530	1.0000	1.0000	1.0000	1.0000	1.0000	1.0000	1.0000	1.0000	0.2466	1.0000	0.0793
10 服务失败	4.9530	4.9530	4.9530	4.9530	1.0000	1.0000	1.0000	1.0000	1.0000	1.0000	1.0000	1.0000	0.2466	1.0000	0.0793
11 跨文化沟通	4.9530	4.9530	4.9530	4.9530	1.0000	1.0000	1.0000	1.0000	1.0000	1.0000	1.0000	1.0000	0.2466	1.0000	0.0793
12 员工外包风险	4.9530	4.9530	4.9530	4.9530	1.0000	1.0000	1.0000	1.0000	1.0000	1.0000	1.0000	1.0000	0.2466	1.0000	0.0793
13 员工认知	4.9530	4.9530	4.9530	4.9530	4.0552	4.0552	4.0552	4.0552	4.0552	4.0552	4.0552	4.0552	1.0000	4.0552	0.2156
14 创新不足风险	4.9530	4.9530	4.9530	4.9530	1.0000	1.0000	1.0000	1.0000	1.0000	1.0000	1.0000	1.0000	0.2466	1.0000	0.0793

附表 14 执行阶段 BF/HR-员工(关系 4)相关风险因素的相对权重

关系 4	1	2	3	4	5	6	7	8	9	10	11	12	13	14	Wi
1 决策错误风险	1.0000	1.0000	1.0000	1.0000	0.2019	0.2019	0.2019	0.2019	0.2019	0.8187	0.2019	0.2019	0.2019	0.2019	0.0201
2 逆向选择风险	1.0000	1.0000	1.0000	1.0000	0.2019	0.2019	0.2019	0.2019	0.2019	0.8187	0.2019	0.2019	0.2019	0.2019	0.0201
3 环境匹配风险	1.0000	1.0000	1.0000	1.0000	0.2019	0.2019	0.2019	0.2019	0.2019	0.8187	0.2019	0.2019	0.2019	0.2019	0.0201
4 内部员工风险	1.0000	1.0000	1.0000	1.0000	0.2019	0.2019	0.2019	0.2019	0.2019	0.8187	0.2019	0.2019	0.2019	0.2019	0.0201
5 额外成本风险	4.9530	4.9530	4.9530	4.9530	1.0000	1.0000	1.0000	1.0000	1.0000	4.0552	1.0000	1.0000	1.0000	1.0000	0.0995
6 协调风险	4.9530	4.9530	4.9530	4.9530	1.0000	1.0000	1.0000	1.0000	1.0000	4.0552	1.0000	1.0000	1.0000	1.0000	0.0995
7 道德风险	4.9530	4.9530	4.9530	4.9530	1.0000	1.0000	1.0000	1.0000	1.0000	4.0552	1.0000	1.0000	1.0000	1.0000	0.0995
8 离职风险	4.9530	4.9530	4.9530	4.9530	1.0000	1.0000	1.0000	1.0000	1.0000	4.0552	1.0000	1.0000	1.0000	1.0000	0.0995
9 信息泄露	1.2214	1.2214	1.2214	1.2214	0.2466	0.2466	0.2466	0.2466	0.2466	1.0000	0.2466	0.2466	0.2466	0.2466	0.0245
10 服务失败	4.9530	4.9530	4.9530	4.9530	1.0000	1.0000	1.0000	1.0000	1.0000	4.0552	1.0000	1.0000	1.0000	1.0000	0.0995
11 跨文化沟通	4.9530	4.9530	4.9530	4.9530	1.0000	1.0000	1.0000	1.0000	1.0000	4.0552	1.0000	1.0000	1.0000	1.0000	0.0995
12 员工外包风险	4.9530	4.9530	4.9530	4.9530	1.0000	1.0000	1.0000	1.0000	1.0000	4.0552	1.0000	1.0000	1.0000	1.0000	0.0995
13 员工认知	4.9530	4.9530	4.9530	4.9530	1.0000	1.0000	1.0000	1.0000	1.0000	4.0552	1.0000	1.0000	1.0000	1.0000	0.0995
14 创新不足风险	4.9530	4.9530	4.9530	4.9530	1.0000	1.0000	1.0000	1.0000	1.0000	4.0552	1.0000	1.0000	1.0000	1.0000	0.0995